FRÉDÉRIC HENRIET

LES EAUX-FORTES

de

Léon Lhermitte

PARIS

ALPHONSE LEMERRE, ÉDITEUR

LES EAUX-FORTES

de

Léon Lhermitte

FRÉDÉRIC HENRIET

LES EAUX-FORTES

de

Léon Lhermitte

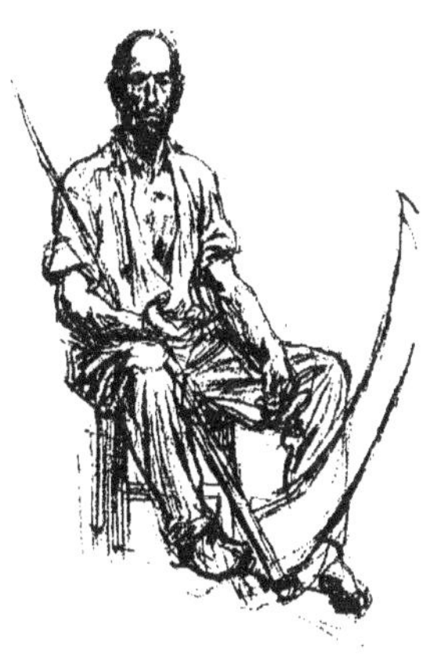

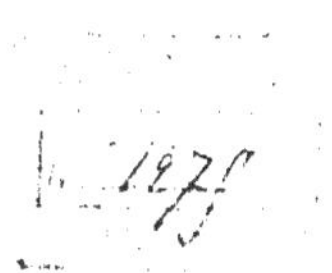

PARIS

ALPHONSE LEMERRE, ÉDITEUR

23-31, PASSAGE CHOISEUL, 23-31

M DCCCCV

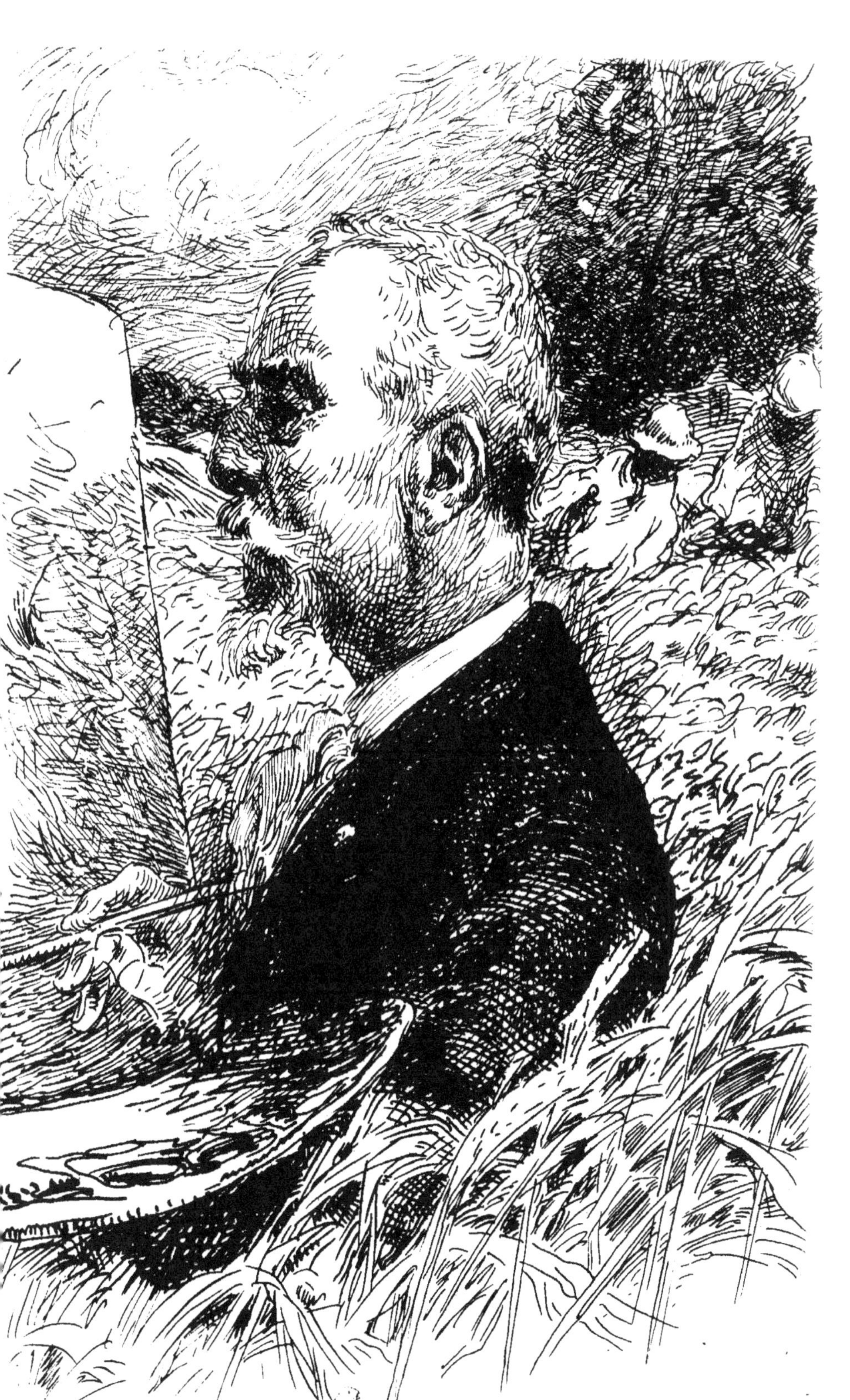

Les

Eaux-Fortes de Léon Lhermitte

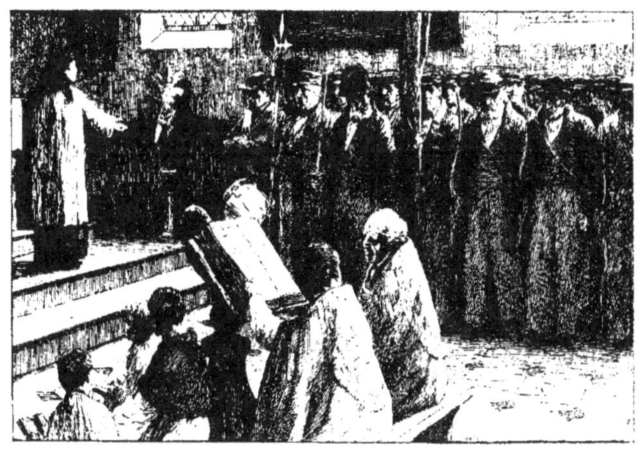

I

L'ENFANCE A MONT-SAINT-PÈRE

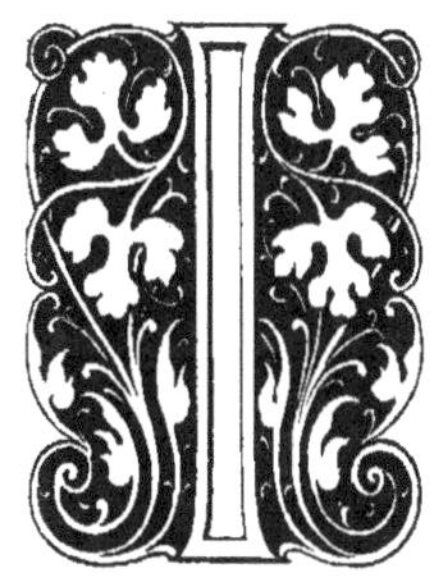IL y a en Léon Lhermitte un peintre et un graveur également éminents. Le peintre jouit depuis des années d'une célébrité qu'on peut, sans exagération, qualifier d'universelle. Le graveur est peu connu. C'est à celui-ci que je veux consacrer cette étude. Le cadre est étroit, mais la tâche me tente de révéler au public cet aspect encore insoupçonné, à peine entrevu, de son

talent. Cet « essai », comme on disait naguère, sera pour moi une source de pures joies, car, outre le plaisir tout personnel que j'éprouve à me plonger dans l'étude de ces œuvrettes charmantes, je crois rendre service aux amateurs, mes frères, en m'efforçant de leur faire partager mes propres jouissances, et en les renseignant avec autant de précision que possible sur ces pièces savoureuses qui sont comme le bouquet, la quintessence, de l'œuvre du peintre.

Un peu de biographie nous paraît nécessaire pour faire comprendre la genèse du graveur. On voit, en effet, poindre celui-ci dans les conditions particulières où s'écoula son enfance, dans les directions qu'il a données à ses études, dans les influences qu'il a subies ou recherchées, et, par-dessus tout, dans les circonstances qui, le plus souvent, disposent de nous-mêmes et décident de notre avenir.

Ce ne sont pas, ici, des notes prises, le crayon et le calepin à la main, dans l'atelier de l'artiste, au cours d'une rapide interview. Compatriote de Léon Lhermitte, je le connais depuis son enfance. J'aime comme lui le village où il est né, auquel j'appartiens aussi par de lointaines attaches de famille. La communauté de nos goûts nous a liés. J'ai été le témoin de sa vie et de son labeur. C'est donc sous la dictée de mes souvenirs que j'écris les pages qui suivent.

Léon-Augustin Lhermitte naquit le 31 juillet 1844 à Mont-Saint-Père, près Château-Thierry. Son père, un enfant du pays, lui aussi, y passa, comme instituteur, sa longue et honorable carrière pédagogique, et y mourut respecté et regretté de tous. Sa mère était originaire de la Bourgogne, et ces croisements produisirent certaines modifications du type local faciles à constater dans la famille.

Le village, un des plus pittoresques de la vallée de la Marne, est situé sur un monticule qui s'avance, de l'ouest à l'est, dans la plaine, comme une sorte de promontoire sur la pointe duquel est plantée l'église. Les maisons se groupent sur deux rues parallèles : la rue d'en haut et la rue d'en bas. La première est juchée sur la crête du massif rocheux. La seconde longe le pied de l'escarpement dans lequel les habitants se sont taillé des cours, des celliers, des étables. On communique de l'une à l'autre par des escaliers, des grimpettes et un chemin en lacet praticable aux voitures.

La rue basse est l'artère principale, commerçante et bourgeoise, du village. De jolies propriétés, dont les jardins dévalent jusqu'à la rivière, occupent le côté droit de cette rue pour le voyageur qui vient de Château-Thierry. La première des coquettes habitations que l'on rencontre en venant de cette ville est celle du peintre : gracieux cottage, habillé de rosiers, de glycines, de jasmins, un peu en retrait dans la verdure, avec un bâtiment annexe, longeant la route, où se trouve l'atelier. Le site est gai, clair et d'accent bien particulier. Des coteaux plantés de vignes, boisés au sommet, encadrent les riches cultures de la plaine. La vallée de la Marne, avec ses souples ondulations, n'est nulle part semée de plus de hameaux et de clochers. Elle s'y élargit et s'y échancre pour laisser passage à un petit affluent, le Surmelin, qui, après avoir dessiné ses courbes indolentes à l'ombre des aulnes et des coudriers, se jette dans la rivière en face de Chartèves, un peu en amont de Mont-Saint-Père. Le paysage y est vivant, animé, lumineux, plus riant que sévère. Tel est le clavier sur lequel Lhermitte exécute ses brillantes variations; car, le succès venu, l'enfant de Mont-Saint-Père n'en est pas moins resté solidement attaché au sol natal. Il ne s'est point « déraciné », comme dit Maurice Barrès, et revient passer chaque année quelques mois d'été et d'automne au milieu des sites qui servent de thèmes à ses tableaux, à deux pas de sa maison natale, non loin du cimetière où dorment les aïeux, dans un coin d'ombre et de silence, caché en contre-bas, au revers nord de la montagne.

Si nous avons voulu tout d'abord décrire dans ses grandes lignes le pays charmeur où Lhermitte a vu le jour, c'est qu'il faut faire la part à l'influence des milieux sur nos destinées, et que le cadre où l'enfant a grandi, les scènes qu'il a eues constamment sous les yeux, ont pu, sinon déterminer sa vocation, du moins contribuer fortement à l'orienter dans les voies qu'il a suivies et empreindre plus ou moins son âme d'artiste de son caractère particulier.

A ce point de vue, il y a lieu de noter que Lhermitte est né rue Haute, dans l'espace et la lumière, et qu'il est de volonté tenace, comme le roc qu'ont foulé ses premiers pas.

Léon Lhermitte eut une enfance maladive qui le tenait au foyer, loin des jeux turbulents des petits camarades de son âge. Il se distrayait avec des livres et périodiques illustrés que lui prêtaient d'obligeants voisins. Sur son lit, où il passa de longs jours, il s'amusait à en copier les dessins avec la plume ou le crayon. Il ne tarda pas à les reproduire avec une fidélité de trompe-l'œil. Et, loin que cet exercice le portât à voir petit, dès que l'amélioration de sa santé lui permit de s'essayer devant la nature, il l'interpréta du premier coup avec largeur. Il sut voir tout de suite les masses par-dessus les détails où se noient tous les commençants, et deviner en quelque sorte, avec une intuition surprenante chez un jeune homme dépourvu de toute initiation, la théorie des valeurs telle que l'enseignait Corot. Il y a des courants qui flottent dans l'air et font que nous sommes presque toujours de notre temps avant même d'avoir pris contact avec les hommes qui le personnifient.

Un voisin de campagne, frappé, comme tous ceux qui en furent témoins, des rares dispositions du jeune Lhermitte, offrit ses bons offices. Cet habitant occasionnel de Mont-Saint-Père, s'autorisant d'anciennes relations avec une famille parisienne bien posée dans le monde officiel, signala à celle-ci l'évidente vocation de son protégé et produisit ses essais comme pièces à conviction. Un ami de la maison, fort en crédit alors, Robert Fleury, père de M. Tony Robert-Fleury, les vit, les trouva très significatifs, les montra au comte Walewski, ministre d'État et des Beaux-Arts, qui accorda aussitôt un encouragement renouvelable, dit « allocation d'État », de six cents francs.

Ce premier succès encouragea M. Lhermitte père à user de la même procédure vis-à-vis du conseil général, qui, sur l'envoi de dessins reconnus probants, vota au fils du très estimé instituteur une petite pension qui vint grossir la modeste prébende du ministère.

M. Lhermitte fit tout exprès le voyage à Paris pour voir le directeur de l'École impériale de dessin de la rue de l'École-de-Médecine, M. Belloc, et y faire inscrire son fils. C'était à cette époque une sorte de cours du premier degré, par lequel on passait généralement avant d'entrer à l'École des Beaux-Arts*. Roty, Luc Olivier-Merson, Toudouze, Gabriel Ferrier et bien d'autres ont débuté par là.

Tout était donc prévu et bien réglé. Ce ne fut pas toutefois sans émotion que l'on songea au départ. C'était la première fois que Léon allait s'éloigner de son père, de sa mère qu'il devait perdre bientôt, et de sa sœur, son aînée, qui survécut peu elle-même aux premiers succès de son frère. Ce qui consolait un peu ceux-ci de cette séparation, c'est qu'il n'allait pas tomber brusquement du foyer familial au grand maëlstrom parisien. Des amis s'étaient offerts à le recueillir, à le loger, du moins jusqu'à ce qu'il ait pu arranger sa vie conformément aux exigences de ses occupations. De son côté, Léon était heureux, certes, mais sa joie était grave, car il avait conscience des terribles aléas de la bataille qu'il allait engager. Heureusement, son ferme bon sens, son amour du travail, l'armaient contre tous les dangers.

---

* Situé rue de l'Ecole-de-Médecine, cet établissement est devenu l'École nationale des Arts décoratifs, telle qu'elle existe encore.

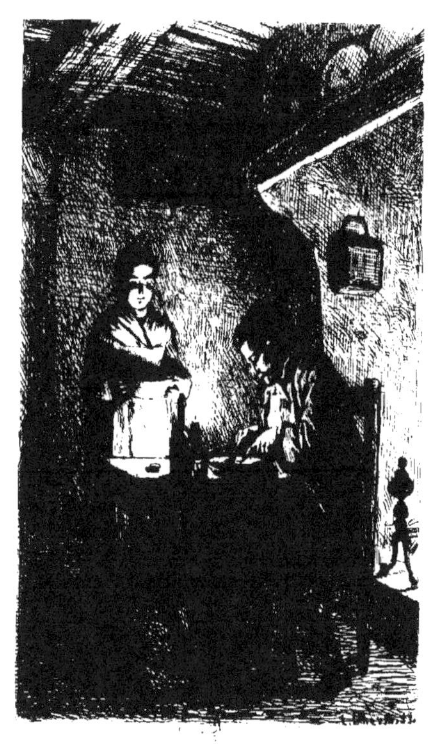

Dès son entrée dans la vie parisienne, il a su naviguer sans heurt au milieu des écueils, et, plus tard, il saura les tourner avec les souplesses, les ménagements nécessaires à l'homme qui touche à plusieurs mondes, voire le monde officiel. Il est devenu l'homme aimable qu'il promettait, ouvert, d'accès facile, de belle humeur, bruyamment démonstratif, mais qui ne se livre pas. C'est un exubérant, maître de soi, d'esprit largement compréhensif dans le domaine des idées, mais un régulier qui se défie des intrusions de l'art dans la vie réelle.

La fortune n'a eu pour lui que des sourires. Elle l'a comblé de ses faveurs. Il a su les mériter ; il sait en user. Il a, dites-vous, de la corde de pendu dans sa poche ? Non : c'est un simple crayon qu'il a dans sa poche, un crayon magique qui crée, comme il lui plait, de l'or et de la beauté ; mais il a en lui-même le talisman qui explique ce que les envieux appellent de la chance : un sens pratique de la vie qui le tient toujours dans le bon chemin, une raison clairvoyante qui lui montre nettement le but à poursuivre et lui fait suivre sa route en le préservant des mirages de l'illusion et des entrainements de la fille du logis.

Je vous ai montré l'homme moral ; voulez-vous à présent son portrait physique ? Le voici. Jeune, il était presque laid ; aujourd'hui il est presque beau. Une calvitie discrète remplace avantageusement le buisson ardent qui embroussaillait son front. Les années lui ont fait une tête. L'habitude du travail cérébral, le perpétuel « sursum » auquel oblige le culte de l'art, ont donné du caractère à sa physionomie. Comme le bon vin, l'homme de valeur gagne en vieillissant.

Si vous voulez maintenant me suivre aux Batignolles, rue Pierre-Ginier, 15, où il habite, nous l'y surprendrons dans son cadre familier. Nous pourrons le juger par le « home » qu'il s'est fait, et cette petite visite domiciliaire achèvera de nous le faire connaître. Nous verrons en lui l'homme d'une passion unique : l'amour de son art, indifférent à tous les sports par lesquels les mondains et les snobs cherchent à tromper leur ennui; mais il n'est point de ceux qui s'hypnotisent dans la contemplation de leurs propres ouvrages. Il aime les tableaux. C'est le seul luxe auquel il soit sensible. Ce ne sont partout, chez lui, que toiles de Corot, de Delacroix, de Daubigny, de J. Dupré, Diaz, A. Stévens; dessins de J.-F. Millet; et, à côté de ces aînés, l'élite des cadets : les Cazin, les Besnard, les Carrière, les Latouche, les Bouché, les Berton, etc. C'est là un trait significatif pour un biographe tant soit peu psychologue, — et qui ne l'est pas aujourd'hui? Car cela dénote une largeur d'esprit peu commune, une compréhension rare des multiples expressions du Beau.

Et tous ces maîtres et tous ces émules débordent jusque dans l'atelier, et cela n'est pas banal. Déjà, de la part d'un peintre, le geste est beau d'acheter des tableaux, mais c'est d'une belle crânerie de les accrocher au mur de l'atelier. Il y a tant d'artistes qui ne peuvent souffrir sous leurs yeux les œuvres de leurs confrères! Il en est qui dissimulent dans les coins obscurs les esquisses de leurs amis. J'en sais un qui les a expulsées impitoyablement depuis certain jour où un visiteur, avisant au milieu des banalités voisines une note un peu imprévue, s'écria : « Tiens ! c'est gentil, cela. » — « Très gentil, en effet, répondit le malheureux, la gorge serrée, c'est un souvenir d'un camarade. »

Il n'y a pas que des souvenirs de camarades ou des leçons parlantes des maîtres de la peinture dans l'atelier de M. Lhermitte. Il y a même quelques tableaux de Lhermitte, achevés, ou en cours d'exécution, posés sur des chevalets où ils ne resteront pas longtemps, — vous pouvez m'en croire. Heureux homme ! C'est avec des « Lhermitte » qu'il paye ses Corot et ses Delacroix. De cette façon il a sa Caisse d'Épargne à domicile et thésaurise à sa manière, qui n'est pas la plus mauvaise. Cela ne vaut-il pas mieux que d'aller au café ? comme disait Sarcey. Et le mot, passé à l'état d'adage, sous-entend tous les plaisirs creux et vains pour lesquels nous gaspillons sottement notre temps, nos forces et notre pensée.

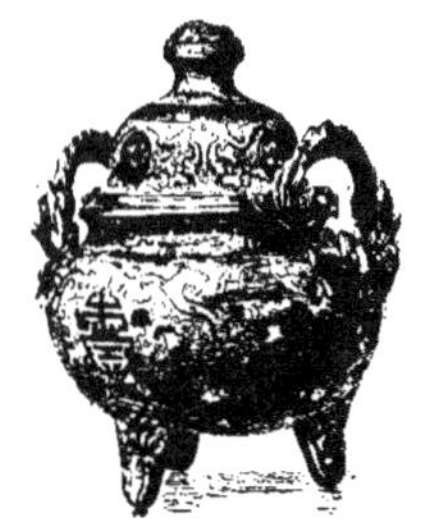

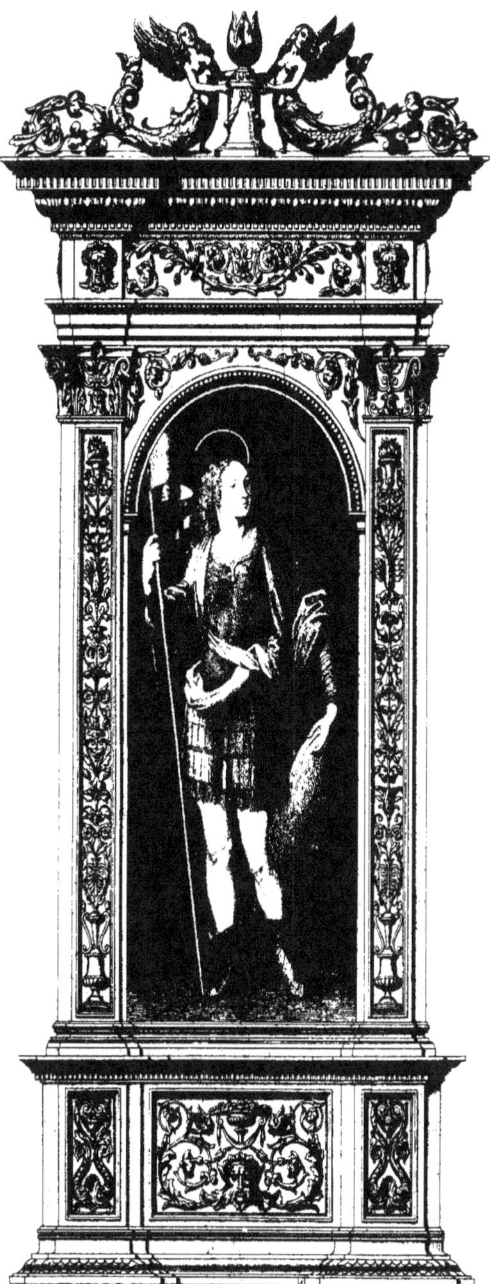

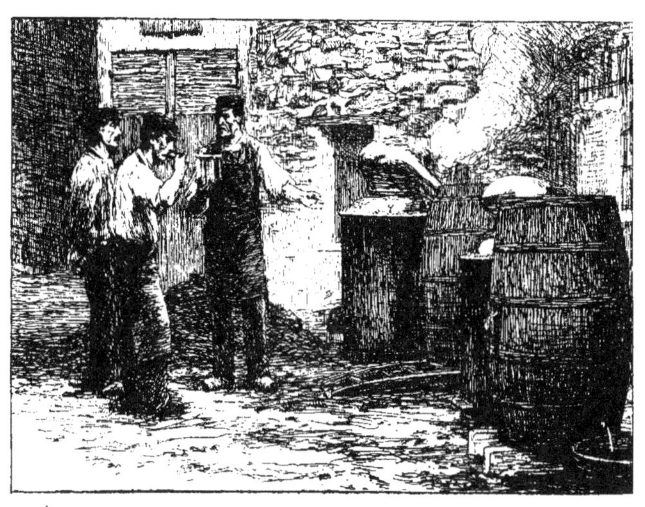

II

LES DÉBUTS A PARIS

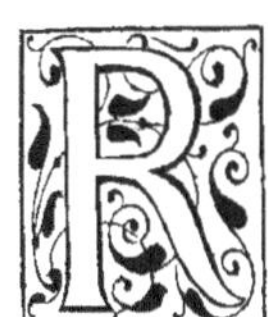EVENONS à Mont-Saint-Père, où nous avons laissé le jeune Lhermitte se disposant à quitter famille et village pour aller cultiver, développer, régler à Paris, sous l'œil de maîtres éprouvés, les heureux dons qu'il tient de la nature. Par un matin ensoleillé des premiers jours de mai 1863, ses parents conduisirent le jeune Léon à la gare voisine, à Mézy, le cœur si gros de pensées qu'on ne trouvait pas un mot à se dire. Le convoi s'annonce, brusquant les adieux. Le train stoppe, siffle et repart en ber-

çant de son bruit rythmé les rêves confus du jeune artiste qu'il emporte vers Paris.

Il avait dix-neuf ans. Sa santé s'était consolidée. Sa volonté de vivre avait vaincu la maladie comme elle le sauvera plusieurs fois encore, dans des cas graves, grâce au ressort physique et moral dont il est doué. Il débarquait donc dans la ville des âpres luttes et des émulations fécondes, sous les plus heureux auspices, armé d'un bel aplomb, latent encore, mais qui se développera vite au contact de la vie.

A peine descendu de wagon, il court prendre possession de la chambrette que les amis dont nous avons parlé ont mise à sa disposition, et se présente chez le directeur de l'École de Dessin, M. Belloc, déjà prévenu, comme nous l'avons dit. Dès le lendemain « le nouveau » s'installait et reprenait, *ab ovo,* avec méthode et par principes, ce qu'il avait appris et deviné d'instinct, passant successivement du dessin d'ornement à la plante vivante, du dessin figuré au dessin d'après la bosse et à l'étude d'après le modèle. Les professeurs attitrés, Amédée Faure, Ruprich-Robert, Gault de Saint-Germain, passaient, selon les jours, dans les ateliers et corrigeaient les travaux, appuyant leurs rapides indications de quelques brèves observations. Il y avait, de plus, un cours du « dessin par la mémoire », créé, depuis peu de temps, par Lecoq de Boisbaudran, dont les méthodes étaient alors fort préconisées par la jeunesse. Lhermitte, toujours désireux de travailler, de s'instruire, eut la curiosité de le suivre et s'y fit bientôt remarquer du professeur. L'élève fut, de son côté, conquis par la hauteur de vues, par la justesse des aperçus du maître. Il sentit un homme, une force, en cet esprit libre, affranchi des routines désuètes, et devint un de ses plus fervents disciples.

Peintre médiocre, élève de Lethière, mais théoricien remarquable, Lecoq s'était découvert la vocation de l'enseignement. Il avait cessé de produire pour s'y consacrer entièrement. Partant de cette observation que l'on n'exerce pas suffisamment la mémoire chez les élèves, il avait imaginé des moyens ingénieux de la développer sans lui sacrifier, bien entendu, l'étude du modèle, qui reste la base essentielle de l'enseignement[*]. Lecoq avait réussi à obtenir de ses élèves, entraînés à ce sport particulier, des résultats surprenants. L'œil de Lhermitte acquit à cette gymnastique une acuité de vision singulière, et son cerveau devint un fidèle récepteur d'images; mais il ne délaissa pas pour cela l'étude directe de la nature, comme son camarade Cazin, promeneur noctambule, qui regardait, observait, notait et peignait, surtout avec sa mémoire.

Quand Lhermitte entra dans l'atelier Lecoq, on citait, parmi les élèves qui l'y avaient précédé de peu d'années et qui jouissaient déjà de quelque célébrité, Legros, Fantin-Latour, Rodin, Roty, Dalou, Guillaume Régamey, enlevé au début d'une carrière qui promettait d'être brillante. Il y eut pour camarades

---

[*] Lecoq de Boisbaudran a exposé son système dans un volume in-8° intitulé : *Éducation de la mémoire pittoresque; son application aux arts du dessin.* Paris, Bance, éditeur, 1868.

J.-C. Cazin, Georges Bellenger, Frédéric Régamey, Boutelié, lauréat du prix de Rome, section de gravure, le statuaire Hector Lemaire, qui professe aujourd'hui à cette école d'où il est sorti : tous sujets d'avenir qui ne firent pas moins honneur au maître que leurs aînés.

A entendre Lecoq de Boisbaudran, les élèves sont toujours trop pressés de peindre. En thèse générale, il pouvait avoir raison ; mais il avait le tort d'appliquer indistinctement cette méthode à tous les élèves, sans tenir suffisamment compte de la diversité des tempéraments. Les natures artistes sont d'une sensibilité si délicate, d'un mécanisme si fragile, qu'on ne peut les traiter avec des systèmes *a priori* sans risquer de les faire dévier de leur voie propre.

Lhermitte était déjà un dessinateur éprouvé, un fusiniste expert, qu'il n'avait pas encore touché à un pinceau. Il a pu pàtir un peu, comme peintre, de ce régime diététique trop prolongé. Quand il a pris la palette, sa main avait déjà contracté des habitudes qui, quoi qu'il fasse, s'imposent à son pinceau.

Pourquoi ne passa-t-il pas de l'École de Dessin à l'École de Peinture qu'est ou prétend être l'École des Beaux-Arts? Question délicate. La jeune génération d'alors, et notamment l'atelier Lecoq, avait des préventions contre cet enseignement qu'on croyait, à tort ou à raison, préjudiciable au libre essor des originalités individuelles. Jusqu'à quel point ces défiances étaient-elles justifiées? Il y aurait beaucoup à dire là-dessus. L'épreuve n'est peut-être pas aussi dommageable que l'insi-

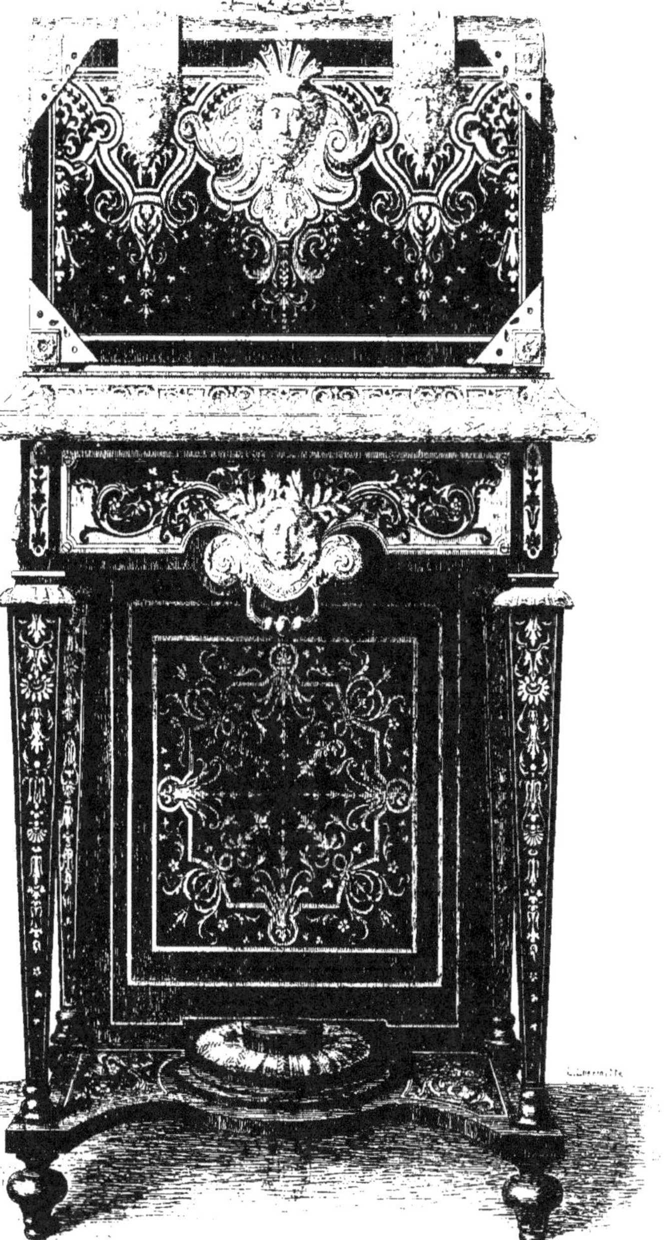

nuent les adversaires de l'École pour les personnalités bien trempées, et, très probablement, elle eût été sans danger pour Lhermitte. En faisant un stage plus ou moins prolongé dans l'atelier d'un des professeurs attachés à l'École, il se fût épargné bien des tâtonnements, bien des doutes, bien des heures découragées. Il a préféré se faire une technique et des procédés d'exécution qui fussent bien à lui, qui ne dussent rien à personne. On ne saurait l'en blâmer. S'il y a lieu de regretter quelque chose dans la façon dont ses études ont été conduites, c'est qu'il n'ait pas commencé de peindre un ou deux ans plus tôt. Ce fut en partie la faute de son maître, en partie aussi la sienne. S'étant fait du fusain un moyen d'expression complet, définitif, qui satisfaisait suffisamment les curiosités de sa vision, il n'eut pas assez de hâte d'aborder le problème de la couleur, et la maîtrise du fusiniste contribua à gêner, à retarder la formation du peintre.

Les fusains qu'il plaçait à Londres ou qu'il exposait depuis plusieurs années à nos salons lui avaient fait la réputation d'un spécialiste émérite, et, déjà, le pauvre Allongé, le roi du fusain, comme on l'appelait, sentait chanceler, sur sa tête, sa couronne en « simili ». Ce n'est pas que Lhermitte songeât le moins du monde à lui disputer ce titre falot, car il ne visait pas à tenir le record de ce procédé, mais tout simplement à produire des œuvres fortement conçues et exécutées, auxquelles, pourrait-on dire, il ne manquait que la couleur. Encore ses fusains en donnaient-ils l'illusion, tant l'effet en était juste, tant la distribution des ombres et des lumières en était bien entendue. C'était le comble de ce que l'on pouvait atteindre avec un moyen aussi restreint.

Rompu de la sorte aux oppositions du noir et du blanc, Lhermitte avait les antécédents les plus favorables pour aborder la gravure avec succès, le jour où la fantaisie lui en prendrait.

Des travaux d'un ordre plus modeste, mais qui ne sont pas moins une bonne école pour un futur graveur, concoururent aussi à l'y prédisposer. Tous les artistes, à leurs débuts, sont obligés de mener de front, avec les études qui préparent l'avenir, les menues besognes qui pourvoient aux besoins du présent. Comme notre bon Daubigny, qui vécut pendant vingt ans de ses vignettes, Lhermitte accepta de bonne grâce tous les travaux qui se présentèrent, et il s'en acquitta avec un soin, une conscience, une probité, exemplaires.

Un commis de la librairie Germer-Baillière, enfant de Mont-Saint-Père comme lui, lui procura la commande de dessins sur bois pour l'ouvrage du professeur Blanchard, membre de l'Institut, publié chez cet éditeur sous le titre : *Les Métamorphoses des Insectes*.

La minutieuse exactitude et le goût dont le jeune artiste fit preuve à cette occasion lui valurent de dessiner sur vélin, pour le Muséum d'Histoire naturelle, des planches (gravées en couleur par Lebrun) pour un livre de botanique intitulé : *Organisation et Développement des Volucelles*.

Ces travaux d'ordre commercial sont la providence de l'artiste qui, comme Lhermitte, a commencé par le commence-

ment, c'est-à-dire par la pratique constante et serrée du
dessin. Celui-là n'est jamais pris au dépourvu. Lecoq de Boisbaudran avait mille fois raison de vouloir que ses élèves eussent un métier dans la main. Cette ressource manque, hélas !
à bien des artistes qui ont mis la charrue devant les bœufs et,
sous prétexte de grand art, ne savent rien de ce qui concerne
leur état. Il y a même des esthètes qui, au nom de « l'indé-
pendance de l'art », — un mot qui mène loin, — préconisent
l'ignorance comme la plus sûre sauvegarde de l'originalité. On
ne sait plus son métier, et l'on ne saurait trop s'élever contre
la funeste tendance qui prétend ériger ce paradoxe en système.

Il est facile de comprendre maintenant qu'un dessinateur
si sûr de soi, qui savait passer de la largeur à la précision, se
soit trouvé on ne peut mieux préparé au maniement de la
pointe, et, comme on dit, « en forme » pour aborder le procédé de l'eau-forte. Du crayon à la pointe, il n'y a qu'un pas.
Ce pas sera bientôt franchi. Il fallait une occasion pour que
Lhermitte s'essayât à cet art, nouveau pour lui, de la gravure.
Cette occasion, j'ai plaisir à me rappeler que je contribuai à la
faire naître. Je lui avais demandé, ainsi qu'à plusieurs autres
de mes amis, une planche pour *Le Paysagiste aux Champs**,
dans l'espoir que, comme on dit vulgairement, la sauce ferait
manger le poisson. Ce fut donc dans l'intention de m'obliger

---

* *Le Paysagiste aux Champs*, un volume in-8° avec eaux-fortes. Achille Faure, 1866
(première édition).

que Lhermitte prit la pointe pour la première fois, et ce sont
là choses qui ne s'oublient pas.

C'était une scène d'une intimité vécue, qui nous rappelle à
tous les beaux jours de l'omelette au lard et du lapin sauté.
On y voit un paysagiste qui, rentré le soir à l'auberge, sa
journée faite, mange de bon appétit, le dos au feu, le repas
que lui sert une fille de campagne pleine de déférence pour
le monsieur de Paris.

Quand Lhermitte eut achevé le dessin sur la couche de
vernis passé au noir de fumée, il s'agit de le faire mordre, et
nous étions à cet égard aussi inexpérimentés l'un que l'autre.
Nous allâmes trouver Maxime Lalanne, qui m'avait offert ses
bons offices avec une obligeance dont peuvent témoigner tous
ceux qui l'ont connu. Déjà il m'avait rendu le service de
faire mordre le cuivre que Corot avait bien voulu dessiner
pour le même ouvrage. Durant une séance de trois heures qui
nous parut courte, il opéra, sous nos yeux, en praticien con-
sommé, toutes les manipulations nécessaires avec explications
à l'appui. Nous suivions avec une attention vivement inté-
ressée toutes les phases de ce travail délicat. Dix fois Lalanne
plongea la planche dans la cuvette remplie d'acide nitrique,
l'en retira pour surveiller le degré de la morsure, couvrit au
pinceau, l'une après l'autre, les parties suffisamment entamées,
et l'immergea de nouveau pour creuser plus profondément
les endroits qui demandaient de la vigueur, jusqu'à ce qu'enfin,
l'ayant nettoyée à l'essence, nous vîmes apparaître l'image dans
les rutilances du métal.

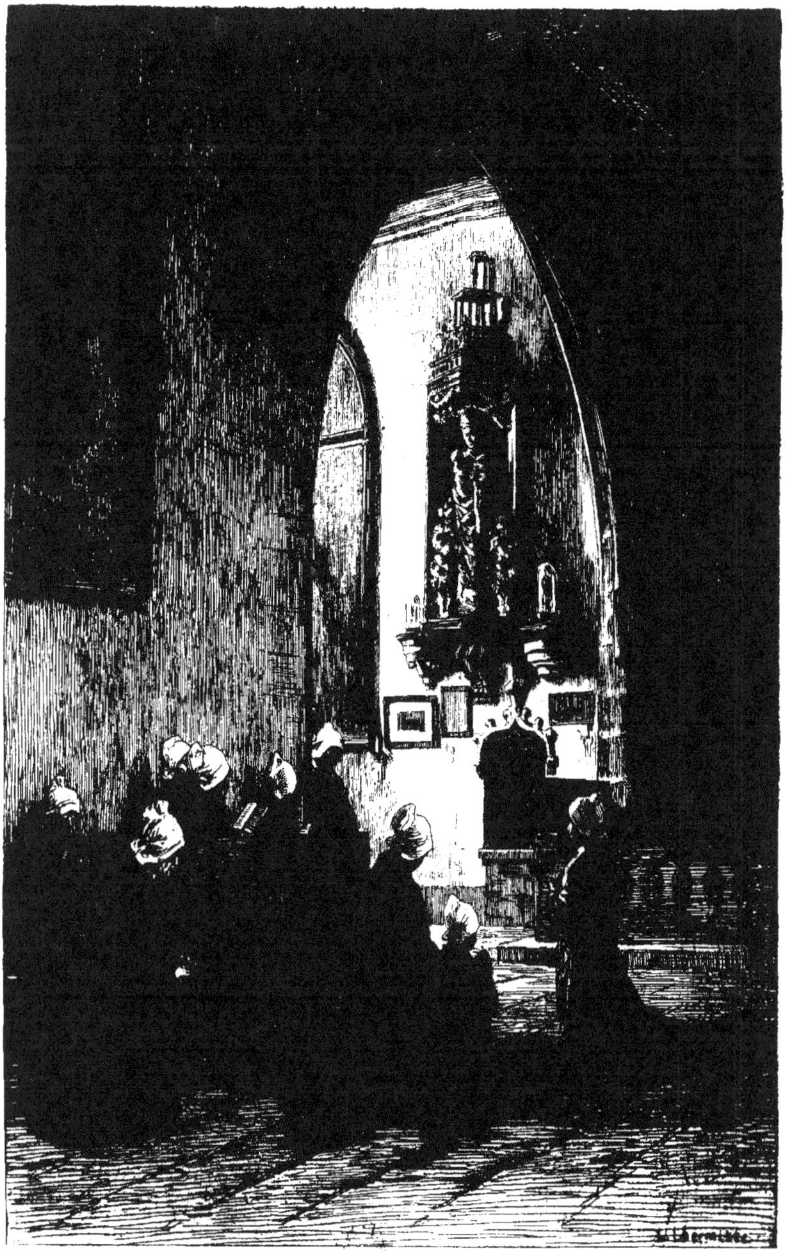

Lhermitte quitta Lalanne enchanté de ses façons cordiales, de sa rondeur militaire et de l'excellente leçon pratique qu'il venait de recevoir. Quel autre que Lalanne l'eût donnée plus claire et plus méthodique? Il était, plus que personne, maître de son sujet, car il venait précisément de publier, chez Cadart, un traité de la gravure à l'eau-forte, préfacé par Charles Blanc. Ce traité, qui paraissait à propos, à un moment où ce mode de gravure reprenait faveur, fait encore autorité.

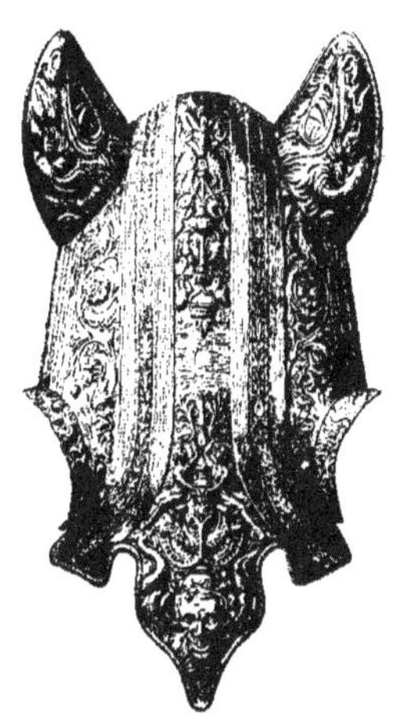

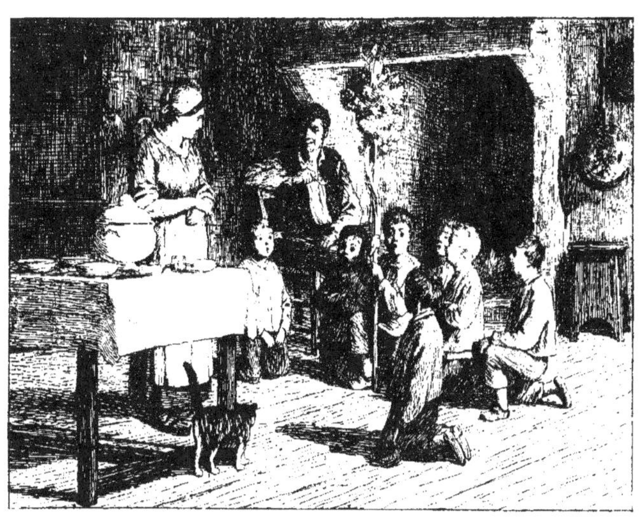

III

LES PREMIÈRES EAUX-FORTES

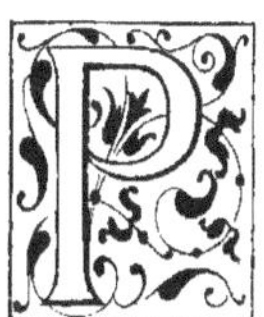LUSIEURS années se passèrent avant que Lhermitte mît à profit la leçon que lui avait donnée Lalanne dans son petit atelier du boulevard Montmartre, n° 5. Survint la formidable catastrophe de 1870, qui troubla momentanément tous les intérêts, sans parler des blessures plus profondes et toujours saignantes qu'elle a faites au pays. Le jeune artiste, inquiet de l'avenir, songea à s'assurer des moyens d'existence qui l'aidassent à traverser une crise dont on ne pouvait prévoir la

durée. Il avait fait un premier voyage à Londres en 1869 avec son camarade Albert Bellenger. Le but, ou le prétexte, était d'aller voir le frère de ce dernier, Georges Bellenger, à qui Legros, leur aîné de l'atelier Lecoq, avait procuré quelques travaux, et de faire plus intime connaissance avec cet artiste, fixé à Londres depuis plusieurs années. Legros s'y était marié et s'y était fait, par son talent, une situation enviable.

Se rappelant, en 1871, le bon accueil qu'il avait reçu de lui deux années auparavant, Lhermitte passa de nouveau le détroit et n'eut pas à s'en repentir. Legros témoigna le plus cordial intérêt à son jeune compatriote. Il le présenta et le recommanda à Édouard Lièvre, qui requit aussitôt ses services. Lièvre dirigeait alors une publication considérable où devaient figurer, gravés à l'eau-forte, les objets d'art les plus précieux des grandes collections anglaises : *The Works of Art in the Collection of England**. Il s'était assuré le concours des eau-fortistes les plus éminents : Bracquemond, Rajon, Courtry, G. Greux, Jules Jacquemart, Justin Lièvre, mort jeune en plein talent, frère de l'imprésario. Il fut enchanté d'avoir sous la main un jeune homme capable de dessiner sur place, avec une fidélité rigoureuse, les objets à reproduire dans son ouvrage et que les collectionneurs mettaient à sa disposition dans une salle de leur hôtel.

Lhermitte se mit aussitôt à la besogne. Depuis le mois de mai 1871 jusqu'au mois de septembre de la même année, il

---

* Holloway et Goupil, éditeurs.

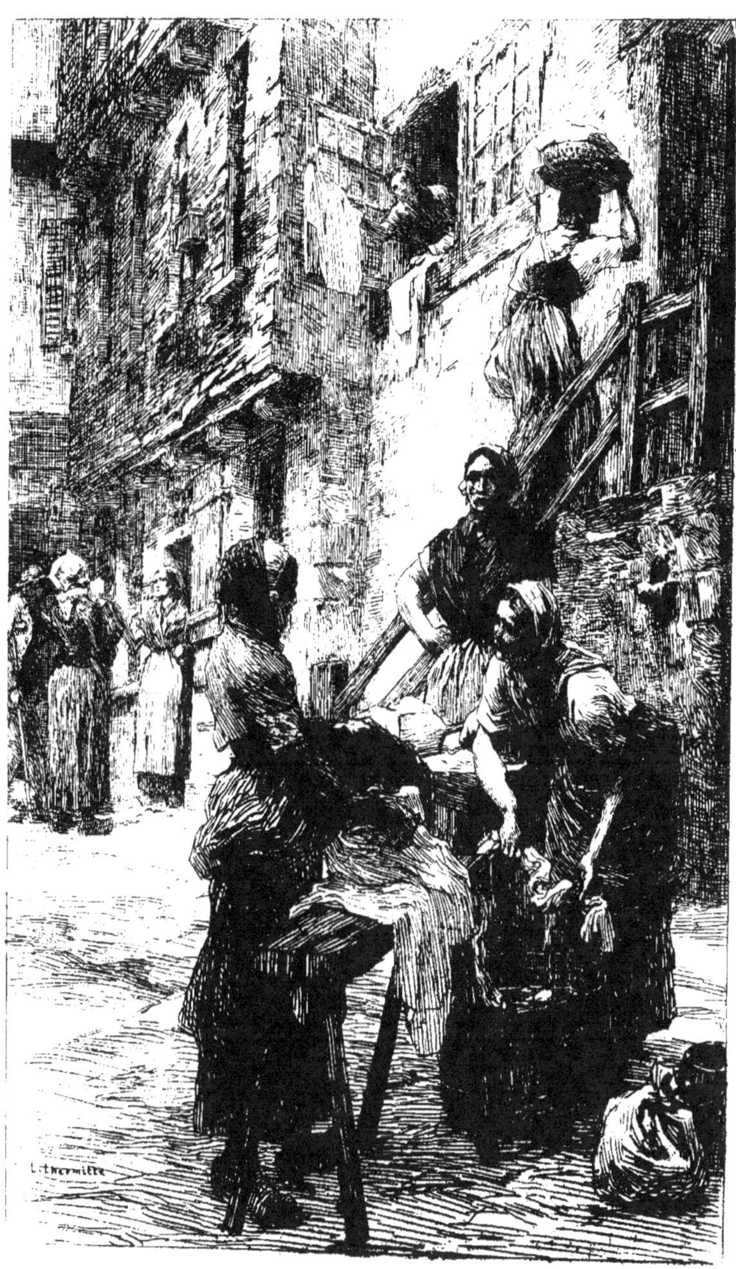

s'employa, sans désemparer, à ce travail très modestement rémunéré, mais intéressant, en somme, et qui le faisait vivre, ce qui, en ces jours néfastes, n'était point à dédaigner.

Il lui vint alors une idée qu'approuva fort Legros : ce fut de graver, dans le format de l'ouvrage, un des dessins qu'il avait faits pour Lièvre. Ce dessin représentait une cuirasse ornée de rinceaux de l'époque de la Renaissance. Legros, dont tous les amateurs connaissent et admirent les sévères et puissantes eaux-fortes, surveilla la morsure que Lhermitte conduisit lui-même sous ses yeux. Ce fut sa seconde leçon, sa pièce de maîtrise; après quoi il put marcher sans lisières.

Le résultat était satisfaisant. On montra une épreuve à Lièvre, qui enrôla aussitôt l'auteur dans la phalange de ses col-laborateurs. C'est ainsi que, tant à Londres qu'à son retour à Paris, Lhermitte exécuta, pour la publication de Lièvre, onze planches que nous décrirons plus loin.

Lhermitte avait mis à profit son séjour à Londres pour s'y créer des relations, aussi charmantes qu'utiles, dans le monde des arts. Il se lia avec les aqua-fortistes exquis de la jeune école anglaise : Edwards, Heseltine, Seymour-Haden, etc. Aussi le voyons-nous toujours prêt à prendre le paquebot pour aller revoir des amis empressés à le fêter.

Lhermitte eut aussi la bonne fortune de rencontrer, chez Legros, M. Durand-Ruel, marchand de tableaux émérite et parisien aimable, que le soin de ses intérêts appelait fréquemment à Londres, où il avait établi, New-Bond street, une succursale de sa grosse maison de Paris. Présentations, congratulations, offres de services immédiats. Avec son amabilité coutumière, M. Durand-Ruel engagea son jeune compatriote à déposer chez lui quelques fusains. L'un d'eux se vend dans les vingt-quatre heures. Les autres, envoyés à l'exposition du *Black and White*, s'enlèvent rapidement à des prix inespérés. Décidément le jeune Lhermitte a le vent en poupe.

En 1873, nouvel envoi de fusains à cette exposition du *Black and White* qui lui a si bien réussi; nouveau succès, et si unanime qu'on le nomme membre du jury pour l'année suivante; année à marquer d'une croix blanche, car c'est celle où son grand fusain, *Le Bénédicité*, et son tableau, *La Moisson*, lui valurent une médaille au Salon de 1874.

Lhermitte eut donc, en 1874, une nouvelle occasion de traverser la Manche avec Jules Jacquemart, qui faisait, comme lui, partie du jury. Le *Black and White*, qui brillait alors de tout son éclat et devait fermer ses portes quelques années après, selon le sort commun à toutes ces sortes de créations, était, comme son nom l'indique, ouvert à tous les ouvrages : dessins, gravures, lithographies, que l'artiste réalise uniquement par les oppositions du noir et du blanc.

De la galerie Dudlay (Piccadilly), où se tenaient ses assises, le *Black and White* vint tenter la fortune à Paris. Au mois d'avril 1881, le directeur de *l'Art*, M. Paul Leroi, organisa dans la galerie de ce journal, avenue de l'Opéra, 34, un premier essai de « Black and White ». Les dix fusains, retour de Londres pour la plupart, que Lhermitte y montra, furent une révélation. Ces compositions, d'une exécution si expressive dans leur sobriété, d'un effet si juste, donnaient la sensation même de la couleur. Cette exposition consacra chez nous, de façon péremptoire, la réputation de l'artiste, déjà solidement établie au delà du détroit.

La tentative bien accueillie du journal *l'Art* suscita des imitateurs. En 1885, M. E. Bernard, imprimeur-éditeur, directeur du journal *le Dessin,* chercha à acclimater chez nous cette importation anglaise. Ces expositions, dites « du Blanc et du Noir », eurent lieu successivement dans la salle des États, aux Tuileries, dans les baraquements annexes du pavillon de Flore (1885-1886), dans le pavillon de la Ville de Paris, aux Champs-Élysées (15 octobre 1888, et 1890). La dernière eut lieu en 1891, dans la nef du palais des Arts Libéraux, au Champ-de-Mars; mais, malgré le zèle et l'activité, fort mal récompensés d'ailleurs, de M. Bernard, le « Blanc et le Noir », ne pouvant vivre dans les limites spéciales qui étaient sa raison d'être, fit appel à des attractions étrangères à son objet, qui ne firent que consommer sa ruine.

Nous ne pouvons fermer cette longue parenthèse concernant le « Blanc et le Noir » sans rappeler que Lhermitte y a toujours brillé au premier rang et qu'il a constamment fait partie, avec Henri Pille et Allongé, des jurys qui fonctionnaient à cette occasion.

Je reviens à la série des eaux-fortes exécutées pour l'ouvrage d'Édouard Lièvre. Ce fut un solide apprentissage pour le jeune eau-fortiste et, comme on dit, un excellent départ.

Le ferme propos de ne pas se montrer inférieur à ses éminents collaborateurs soutient et stimule son émulation. Quel travail lui eût mieux appris à surveiller, diriger, activer ou ralentir l'action du liquide corrosif, à déjouer ses perfidies sournoises, à se rendre plus maître de son outil? La nécessité d'exprimer, d'une manière sensible, les matières différentes des objets qu'il avait sous les yeux le force à varier ses travaux, et sa pointe, fine et légère, nerveuse et incisive, lui obéit docilement de façon à rendre, tour à tour, les translucidités du cristal, les luisants du bois sculpté, l'éclat dur du bronze, les reflets blonds de l'argent, la douceur savonneuse du jade. De la première planche de cette série remarquable à la dernière, le progrès est constant, régulier. Rapprochez la planche initiale, c'est-à-dire la Cuirasse renaissance dessinée à Londres et gravée sous les yeux et avec les conseils de Legros, de la commode Louis XIV qui clôt, je crois, la série, et vous serez frappé du terrain conquis. De la Cuirasse à l'Olifant en ivoire aux délicates arabesques, au saint Georges d'un préraphaélisme si pur, au meuble Boule à deux corps enrichi d'incrustations d'un goût si merveilleux, il y a la distance qui sépare le bien du parfait.

Ces planches qui se succédaient à courts intervalles, en se surpassant les unes les autres, eussent bien vite égalé l'artiste aux plus renommés professionnels de la gravure, si le peintre qui commençait à s'affirmer n'eût préféré suivre la voie plus large qui s'ouvrait devant lui. C'est en peintre qu'il usera désormais de cet art subtil et charmant pour traduire directe-

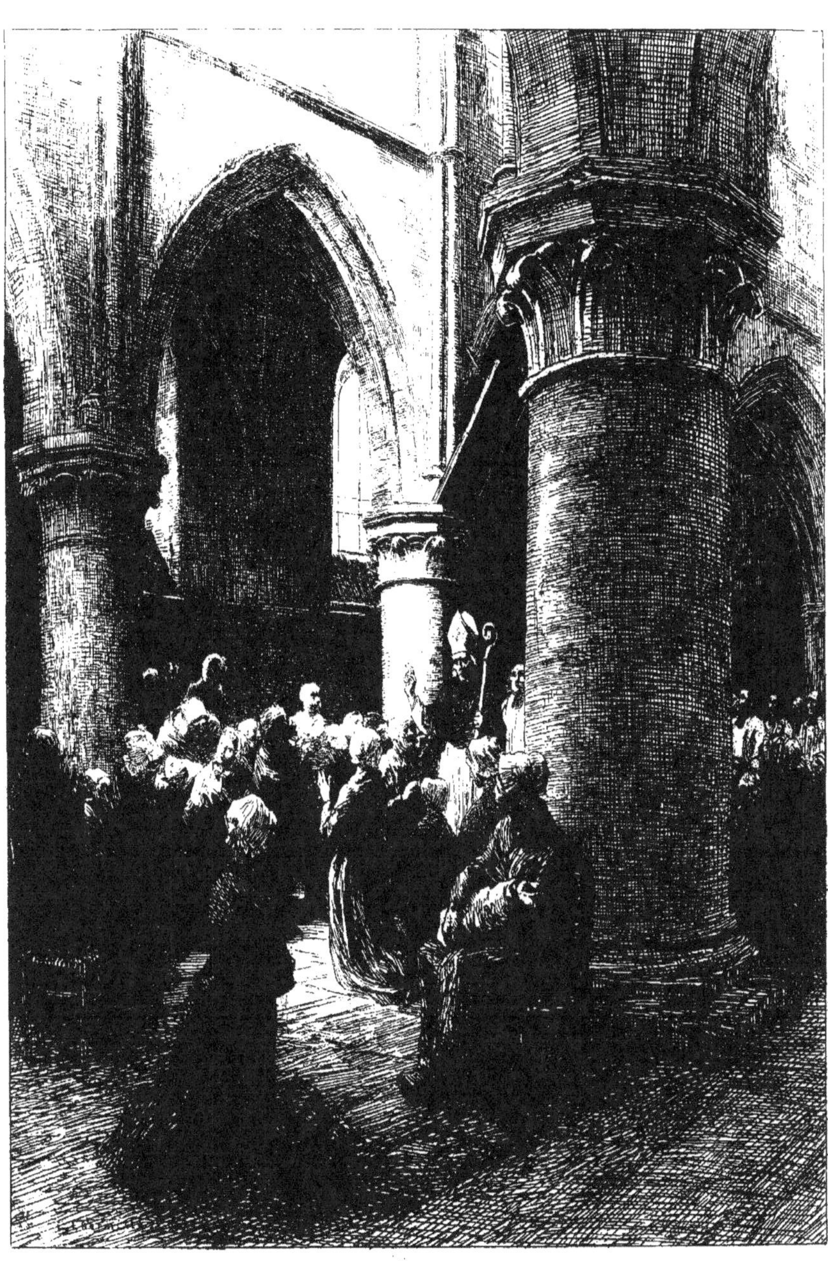

ment le caprice de sa pensée en ces pièces libres, spontanées, originales, auxquelles les amateurs attachent à bon droit tant de prix.

Nous avons à citer pourtant deux autres planches de reproduction, contemporaines, il est vrai, de la série dont nous venons de parler. La première, *La Dame au Gant*, d'après Willems, a été exécutée pour un autre ouvrage d'Édouard Lièvre, *Collections d'Art français*. La seconde, *L'Amende honorable*, d'après Legros, est restée inachevée pour avoir été retirée trop tôt du bain, de peur qu'une morsure plus prolongée n'en crevât les travaux très fins et très serrés ; — ce qui est d'autant plus regrettable que l'artiste avait très fidèlement traduit le sentiment et le caractère de l'original.

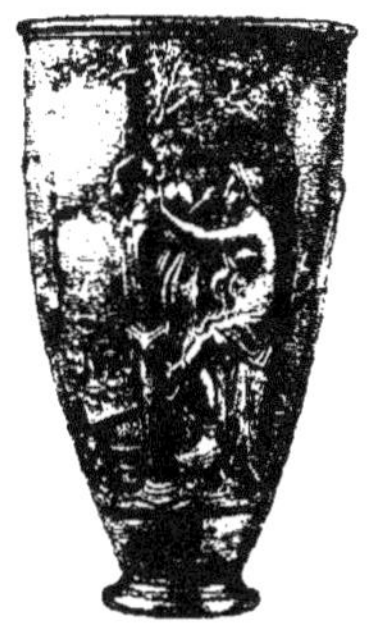

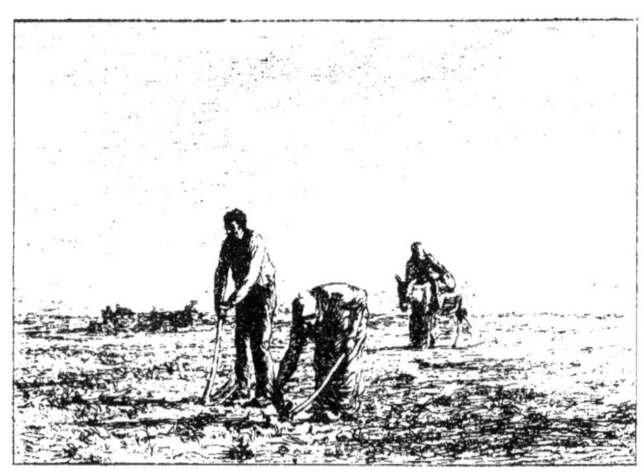

IV

PLANCHES

POUR

LES ÉDITEURS PARISIENS

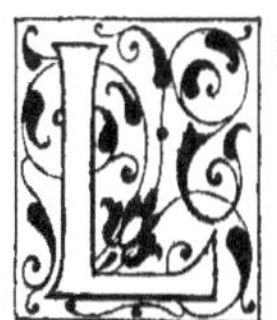ES maîtres de l'eau-forte, les Rembrandt, les Van Dyck, les Claude Lorrain, les Sylvestre, les Callot, ont montré avec éclat quelles infinies ressources, quelle variété, quelle souplesse, offre ce procédé de gravure, qui s'adapte si merveilleusement au tempérament de l'artiste qui l'emploie. Plus tard, Gillot, Watteau, Fragonard, bien d'autres encore, y ont mis la marque de leur temps et de leur personnalité; mais ce mode d'interpré-

tation rapide, coloré, cursif en quelque sorte, protéiforme pour ainsi dire, subit une longue éclipse quand l'école de David triompha. Sous l'influence de celui-ci, la pointe dut céder la place au burin, qui, oublieux lui-même de ses belles époques, se fit compassé, solennel, esclave des belles tailles symétriques, art estimable encore pour la reproduction d'œuvres froidement correctes, mais sans vie, sans chaleur, parce qu'il substitue la patience à l'inspiration. Le burin régna sans partage jusque dans les ouvrages de librairie. Puis on passa de la rigidité sévère des compositions de Desenne aux mièvreries imitées des Keepsake anglais. On ne voyait plus que planches sur acier, sèches et maigres, avec ciels à la mécanique.

Vers 1845, pourtant, sous la poussée du courant réaliste qui commençait à se faire jour, des artistes reprirent les saines traditions de l'eau-forte. Bléry, Charles Jacque, Paul Huet, Daubigny et, un peu plus tard, Bracquemond, furent les pionniers de cette renaissance. Un éditeur, jeune, hardi, aventureux, Alfred Cadart, lia sa fortune à ce mouvement et prit à tâche de relever l'eau-forte de l'injuste discrédit où elle était tombée.

A peu près oublié de la génération actuelle, ce paladin de l'eau-forte jouit d'une assez bruyante notoriété de 1860 à 1875, aidé par son fidèle compère Auguste Delatre, imprimeur d'estampes osé, fantaisiste, qui n'avait pas son pareil pour donner de l'effet, du piquant, de la chaleur, de l'accent, à la planche la plus incolore, par ses procédés d'encrage et son tour de main particulier.

Moitié conviction, moitié calcul de marchand, cet éditeur bohème, mais sympathique en somme, prétendait remettre l'eau-forte à la mode, lui donner un essor inconnu jusqu'ici, vulgariser, en un mot, ce genre de gravure, ce à quoi il ne réussit que trop.

Il embauchait indistinctement tous les artistes pour le recueil mensuel qu'il publiait sous le titre *Eaux-Fortes modernes,* recueil qui, dans ces conditions, ne pouvait être que très inégal. Il fonda ensuite la « Société des aquafortistes », qui continua sa publication sous le titre : *L'Illustration nouvelle.* L'élite de nos graveurs en faisait partie : Bracquemond, Maxime Lalanne, Jules Jacquemard, Th. Chauvel, déjà fameux comme lithographe, Le Rat, de Rochebrune, Veyrassat, Appian, Beauverie, Chaigneau, Brunet-Debaines, le dernier lauréat de la grande médaille, etc. Ces vétérans solides servaient de cadres aux jeunes troupes recrutées à la diable et au petit bonheur. Une sélection judicieuse est d'ailleurs chose impossible en pareil cas. C'est l'inévitable écueil de ces sortes d'entreprises. Cadart induisit maints artistes, qui n'y eussent jamais songé, à manier la pointe. Dans le tas des médiocres, quelques talents surgirent. Lhermitte fut de ceux-ci. Il fournit aux albums Cadart plusieurs planches bien supérieures au niveau moyen de la collection.

Cette production intensive ne fut et ne pouvait être qu'un feu de paille bientôt éteint. L'eau-forte, artificiellement surchauffée, retomba dans le marasme, pourchassée par la photographie et ses dérivés : l'héliogravure et la phototypie. Pourtant la campagne menée par Cadart avec le brio du commis-voyageur qui place une spécialité, — et, de fait, il « tenait » l'outillage pour les néophytes de l'eau-forte, — ne fut pas sans produire quelques résultats heureux. Nous lui devons cette belle série de catalogues illustrés de très intéressantes eaux-fortes signées Courtry, Rajon, Alfred Delauney, Boilvin, Edmond Hédouin, etc., qui faisaient aux grandes ventes de tableaux la meilleure des publicités. Nombre de ces catalogues, recherchés aujourd'hui, ont leur rayon spécial dans les bibliothèques d'amateurs. Ce fut l'âge d'or de l'eau-forte; mais là encore la photographie ne tarda pas à la relancer et à la déloger de cette position.

Les frais élevés des tirages, les applications de plus en plus perfectionnées de l'héliographie, substituèrent aux cuivres patiemment gravés des procédés plus expéditifs et moins coûteux. Certes nous avons encore des catalogues de luxe dignes des grandes collections qu'ils ont mission de faire valoir. La photographie y fait merveille, il faut bien le reconnaître, car pour la reproduction de pièces céramiques, de bibelots rares, pour les fac-similés des dessins de maîtres surtout, elle nous donne des documents d'un prix inestimable. Je tiens donc la photographie pour une des plus belles inventions du XIXe siècle, tant qu'elle ne sort pas du champ déjà très vaste où elle peut intervenir utilement, et dans ce cas, elle rend d'inappréciables services : sait-on rien de plus parfait, par exemple, que le livre des cent crayons-portraits d'Ingres édité récemment par Bulloz, rue Bonaparte, 21 ? Mais on voudrait qu'elle s'abstînt de toucher aux choses qu'elle est incapable d'exprimer, et où elle ne saurait remplacer l'œil et la main de l'artiste. Malheureusement elle ne s'est pas tenue dans ces sages limites. Dernier mot du bon marché, elle envahit tout : périodiques illustrés, revues, romans même, et nous sature de volumes au rabais, sur cet éternel papier satiné d'un blanc cru, maculé de vignettes luisantes, d'un gris louche ou d'un noir pâteux. Partout la mécanique tend à remplacer l'idée et le sentiment de l'artiste. Aussi devons-nous nous attacher plus que jamais aux belles choses, aux beaux livres, d'où ces éléments d'art et de beauté ne sont pas exclus.

Les planches que Léon Lhermitte a gravées pour les publications Cadart sont au nombre de six. La première en date a pour titre : *Un Vieux de la Vieille*. Elle a tous les caractères des œuvres de jeunesse du peintre, fermeté du dessin, heureuse opposition des valeurs et curieuse observation du type point banal qu'il avait sous les yeux. Je passe rapidement sur *La Chambre à Blé d'un Moulin breton*, composition qui paraît vide pour ses dimensions ; sur *Les Vendanges*, page d'une belle ordonnance, mais un peu fatiguée de retouches ; sur les *Marchandes de poisson à Saint-Malo*, sujet qu'il a traité une seconde fois, de façon supérieure, pour un éditeur anglais, et j'arrive à deux planches de qualité rare, telles que Cadart n'en obtenait pas souvent de ses fournisseurs habituels. Ce sont : *L'Épicerie de Village*, d'une exécution impeccable, d'une bonne lumière doucement tamisée par le vitrage de la boutique, et *La Vierge de Kersaint*, la perle de la série.

Dans une humble église de village, des Bretonnes prient, avec une ferveur naïve et touchante, une Sainte-Vierge posée dans une niche couronnée d'un dais en pierre sculptée et ajourée. Les clartés qui nimbent la statue mettent dans l'ombre le groupe des femmes, épouses ou mères, qui implorent la divine médiatrice pour les chers absents que la mer leur a pris, que les flots leur disputent. Une impression de paix, de sérénité, d'une infinie douceur, se dégage de cette vision imprégnée de la consolante poésie des choses pieuses.

Cette exquise eau-forte, colorée comme un fusain de l'auteur, serait de tous points parfaite, n'était certaine égalité de valeurs qui la déboîte un peu. L'arc d'ogive sépare trop durement la partie lumineuse de la chapelle des parties vigoureuses de la voûte. Celles-ci luttent avec la masse noire du groupe des bonnes femmes agenouillées. Mais n'insistons pas sur ce léger desideratum qu'un simple artifice d'encrage suffirait sans doute à faire disparaître, et laissons-nous charmer par cette composition d'une fraîcheur de sentiment si pénétrante.

Des pièces de cette qualité ne pouvaient manquer d'attirer l'attention des éditeurs. C'est autant, du reste, à l'admirable fusiniste qu'est Lhermitte, qu'au graveur éprouvé, qu'ils s'adressent. Chacun veut tirer quelque chose de ce jeune talent que le public commence à connaître et à goûter. Le *Monde illustré* s'adresse à lui pour son numéro supplémentaire du mois de décembre 1884, consacré aux fêtes de Noël. Ce fascicule-étrennes contient huit fusains qui racontent, avec une simplicité naïve, les divers épisodes du Noël villageois. Le

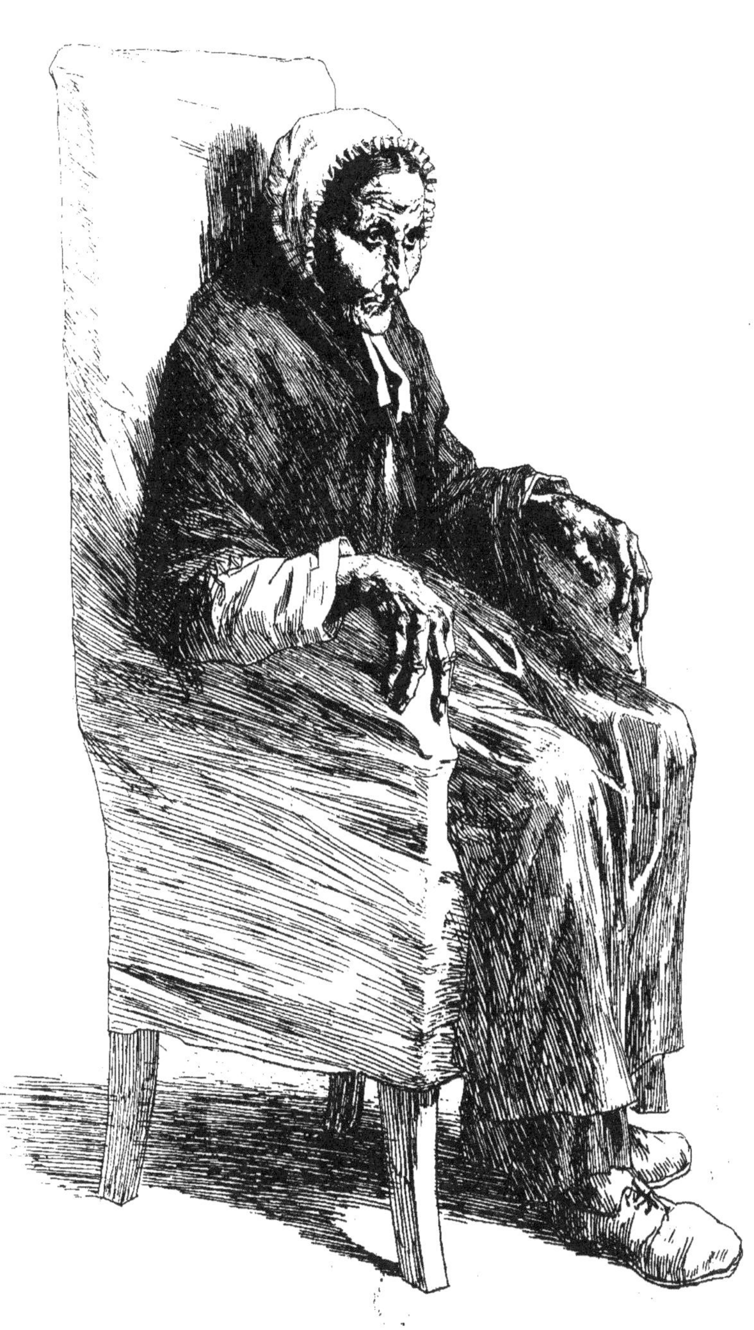

même journal lui demande encore, quelques années plus tard, douze compositions synthétisant les divers travaux des champs afférents aux douze mois de l'année, et, après les avoir publiées dans ses numéros hebdomadaires, il les réunit en un album tiré avec un soin particulier. De ces douze compositions, très intelligemment gravées sur bois par Clément Bellenger, je signale *Le Labourage* où j'entrevois la donnée d'une toile magistrale.

L'Art publie un curieux portrait de François Liénard, l'imprimeur d'estampes formé à l'école de Delatre, gravé sur bois par ce même Clément Bellenger, qui s'est fait le traducteur attitré des œuvres de Lhermitte et, par cela même, leur interprète le plus fidèle. François Liénard est représenté, bras nus, en habit de travail, près de la presse d'où sont sorties, pour la plupart, les épreuves d'essai, les épreuves d'artiste des planches de Lhermitte. Launette, réputé un moment pour ses belles éditions de luxe, a l'ingénieuse idée d'associer le crayon de Lhermitte à la plume élégante de M. André Theuriet pour composer cette savoureuse épopée de *La Vie rustique,* parue en 1887. On trouve tout Lhermitte résumé et condensé dans ce charmant in-octavo où l'écrivain semble s'effacer galamment devant le dessinateur. Notons, en passant, que les exemplaires sur japon numérotés de cet ouvrage atteignent, dans les ventes, des prix très élevés.

La *Gazette des Beaux-Arts* a obtenu une planche de tout premier ordre, *La Malade,* très caractéristique par son faire simple, large, sobre et puissant. Le dessin des mains et du visage est de toute beauté, nerveux, plein d'accent. Cette œuvre, bien personnelle, ne fait pas moins songer un peu aux admirables eaux-fortes de Legros dont Lhermitte a, comme nous l'avons vu, recherché les conseils.

Quelques années plus tard, la *Revue des Lettres et des Arts,* la splendide publication de la maison Boussod et Valadon, publie *Les Faneurs au Repos.* C'est l'heure de la sieste. Dans la plaine où crépite un soleil brûlant, un faneur dort à l'ombre d'une de ces petites meules appelées dans la Brie « maquets », près de deux faneuses qui semblent se disposer à le réveiller pour la reprise du travail. A l'horizon, les bâtiments de la ferme, du Ru-Chailly.

La ferme du Ru-Chailly! Que de souvenirs elle évoque! Quelle place elle occupe dans la vie de Léon Lhermitte! Elle a été le *leit-motive* sur lequel il brode, depuis plus de trente ans, ses inépuisables variations. Que de tableaux, que de pastels ont pris naissance sur son terroir et porté le nom du peintre sous toutes les latitudes où il y a des amateurs et qui s'y connaissent. C'est le Ru-Chailly qui lui a fourni ses premiers modèles; c'est là qu'il composa *La Paye des Moissonneurs.* De tels souvenirs ne sauraient s'effacer.

Il y a plus qu'une attirance purement esthétique dans sa prédilection pour le Ru-Chailly; il y entre un peu de reconnaissance.

Qu'il est fier encore, dans sa truculente vétusté, ce fief déchu, avec ses fossés pleins d'eau où dorment les nénuphars, ses pavillons d'angle aux combles seigneuriaux, ses murailles lépreuses! Lhermitte a, sous la main, ce coin fécond où son crayon ne se lasse pas de butiner.

De la fenêtre de son cottage, il voit les toits moussus du Ru-Chailly pointer dans la verdure des grands arbres qui bordent la contrescarpe du fossé. Quand le cœur lui en dit, il détache l'amarre de son bateau embossé au bas de son jardin et coupe au court en traversant la rivière. Un moment — je ne sais quel souffle prudhomesque avait passé ce jour-là sur son esprit; craignait-il qu'on ne lui abattît « ses arbres »? — il eut la tentation d'acheter le Ru-Chailly. Il s'en ouvrit au fermier qui, s'enflammant aussitôt, parlait déjà réparations, améliorations de toutes sortes, voyait les fossés comblés, assainis, les ormes géants couchés à terre.

« Ta, ta, ta! pas si vite, » s'écria Lhermitte qui voyait poindre un irréductible malentendu entre le fermier, rêvant de transformer, de moderniser la ferme, et lui, désireux surtout de lui conserver sa physionomie d'antan, « j'allais faire une belle sottise! Ne peut-on jouir des choses sans passer pardevant notaire? » Et il renonça à devenir propriétaire.

J'estime qu'il a eu raison. Qu'y eût-il gagné? Au propriétaire, l'acte enregistré et paraphé; au propriétaire, la feuille des contributions, les soucis de toutes sortes. A l'artiste, l'âme et la poésie des choses. Lhermitte n'est pas le plus mal partagé.

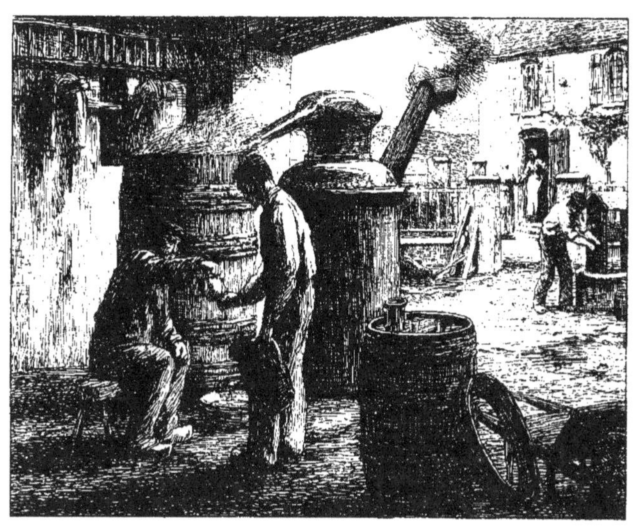

V

PLANCHES

POUR

LES ÉDITEURS ANGLAIS

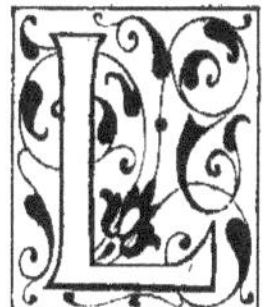ES éditeurs londoniens ne demeurent pas en arrière de leurs confrères parisiens, et ils ne sont pas les plus mal servis. Les deux planches destinées au recueil *The Etcher*, et les quatre dont a bénéficié le *Port-folio*, sont des meilleures de l'artiste. Voici d'abord une vue de la rue de Buci prise de la rue Saint-André-des-Arts. Ce coin de Paris lui était familier. C'est là

6

que s'étaient écoulées ses belles années de jeunesse, et l'aiguillon du souvenir stimulait encore son coutumier souci de l'exactitude.

De ses deux voyages en Bretagne, dont le premier est de l'année 1874 et le second de 1876, il rapporta une abondante moisson de notes et d'études qui donnent l'origine, sinon la date précise, des quatre souvenirs de Saint-Malo que se sont partagés Cadart et les deux magazines anglais. *The Etcher* a, pour sa part, *Les Lavandières de Saint-Malo.* On voit les commères opérer tranquillement en pleine rue, rue inaccessible aux voitures, cahoteuse, escarpée, bordée de masures à pans de bois surplombant la voie publique. Accent très pittoresque et composition si heureusement « trouvée », comme toujours, qu'on ne soupçonne pas l'effort, le soin, avec lesquels elle a été élaborée. Nous en dirons autant de *La Halle aux Poissons à Saint-Malo,* qui échoit au *Port-folio.* On sait combien l'artiste réussit à donner la vie et le mouvement à ces tableaux populaires où se meuvent pêcheurs, marchandes, ménagères, dans le cadre amusant d'une vieille rue de la ville.

Le directeur du *Port-folio* ayant formulé le désir d'obtenir pour son recueil ce qu'on appelle un sujet « bien parisien », Lhermitte lui envoie une vue du *Rond-Point des Champs-Élysées.* La composition est fort habilement agencée. Il y a du soleil et du mouvement; mais l'auteur, habitué aux rusticités villageoises, ne se sent pas moins comme un peu dépaysé sur le terrain des élégances parisiennes. En ces sortes de sujets, certaines outrances sont nécessaires pour donner l'illusion des choses. La vérité vraie n'y suffit pas.

J'arrive à *La Boucherie (The Etcher)* qui présente, comme disposition des personnages et éclairage, quelque analogie avec *L'Épicerie du Village,* avec plus d'agrément dans les détails, un meilleur équilibre des figures, et des jeux de lumière plus délicats. Voyez le visage de la bouchère : comme fermeté, relief, finesse de rendu, on ne saurait aller plus loin.

Je ne vois que *La Visite pastorale* qui puisse lutter avec *La Boucherie.* L'église de Mézy-Moulins, voisine de Mont-Saint-Père, qui a inspiré déjà de nombreuses compositions à l'artiste, lui a, cette fois encore, servi de modèle. C'est une ancienne abbatiale demeurée debout, sur les ruines de son couvent, au milieu des champs, bijou de pur style gothique serti dans la verdure.

Un évêque, à qui le peintre me semble avoir donné les traits du vénéré cardinal Guibert, bénit les assistants qui se pressent autour de lui. Il n'y a pas lieu de reprocher à *La Visite pastorale* le léger défaut que l'on peut adresser à *La Vierge de Kersaint.* Il n'y a qu'à louer ici l'heureuse dégradation des valeurs et l'excellente distribution de la lumière. L'air circule autour des piliers massifs comme sous les voûtes de l'édifice, et aucun détail n'échappe, aucune physionomie n'est sacrifiée, malgré la nombreuse assistance qui remplit l'édifice.

Un des plus importants marchands de tableaux de Londres, Arthur Tooth, avait, un des premiers, pressenti l'avenir de Léon Lhermitte, et n'avait pas hésité à ponter sur ses succès futurs. Tooth lui savait gré de n'avoir pas démenti ses pronostics, et le peintre, de son côté, lui était resté reconnaissant d'avoir eu foi en lui, alors qu'il était encore inconnu dans son propre pays. Aussi s'entendirent-ils facilement lorsque Tooth vint lui demander d'exécuter pour lui, à de belles conditions d'ailleurs, deux planches d'un format exceptionnel, représentant la façade principale de la cathédrale de Rouen et l'intérieur de l'église Saint-Maclou. C'était un travail de longue haleine. Il s'en acquitta avec autant de conscience que de talent.

Jamais ce poème de pierre de Notre-Dame de Rouen, qui doit précisément son prestigieux effet à son manque d'homogénéité, n'a été fouillé avec un œil plus curieux des détails et plus épris de sa chaude et puissante couleur. L'artiste a fait œuvre de peintre et non d'architecte. Il a rendu, sans escamotage et non par à peu près, avec autant de largeur que de précision, cette profusion de statues, de dais, de pinacles, de clochetons, qui éblouissent et charment le regard. Il a su exprimer jusqu'à la patine de cette incomparable guipure de pierre et en accentuer les reliefs par la façon dont il l'a éclairée. La porte médiane de cette façade, flanquée de deux tours d'époques différentes, est de ce style flamboyant qui n'est plus, il s'en faut, celui des belles périodes de l'architecture ogivale, mais dont les peintres excusent aisément la fantaisie déréglée par amour du pittoresque.

Pour animer le tableau — car c'était un véritable tableau — le peintre a jeté, sur le parvis de la basilique, le mouvement d'un marché, et l'on sait comme il s'entend à grouper ce monde de marchands et d'acheteurs qu'il connaît si bien.

Il a su de même éviter la froideur et la monotonie des

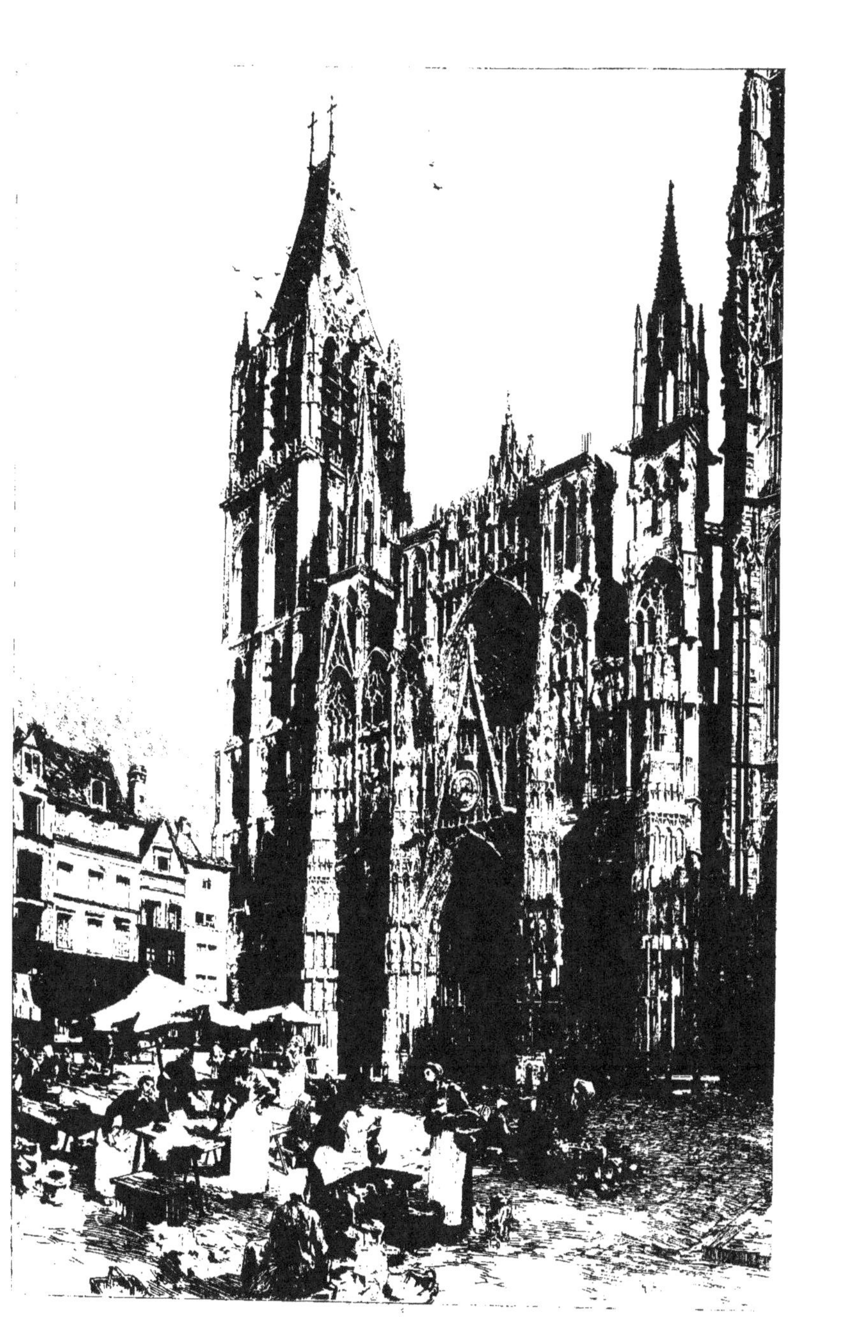

lignes architectoniques, dans la vue intérieure de Saint-Maclou, en choisissant le moment où la nef est remplie de fidèles attentifs à la parole du prêtre qui occupe la chaire. Cette figure du prédicateur donne un centre à la composition et en relie les divers éléments. On aperçoit, par delà l'assistance, le prêtre officiant et le clergé paroissial qui ont pris place, pendant le sermon, dans les stalles du chœur; on y voit, dans une lointaine buée d'or, l'autel avec son mobilier liturgique surmonté d'une gloire monumentale. On y voit, très distinctement, les panneaux en bois sculpté qui revêtent les piliers du sanctuaire. Ces boiseries supportent des groupes qui se rattachent à la décoration centrale couronnant le maître-autel. Cet ensemble décoratif est complété par une sorte d'arc triomphal dans le style contourné du XVIIIe siècle, qui coupe assez fâcheusement la perspective de l'abside aux baies flamboyantes, aux faisceaux de colonnettes qui fusent du sol à la voûte sans être arrêtées dans leur élan par la rencontre de chapiteaux. Sans doute ce n'est plus le gothique pur, raisonné, des XIIIe et XIVe siècles, mais combien ravissant encore dans ses élégantes hardiesses!

Tous ces détails sont précisés avec une finesse, une netteté prodigieuses. Ils restent à leur plan et ne se montrent qu'autant qu'on veut bien les chercher. La lumière venant des fenêtres absidales baigne l'immense vaisseau d'une clarté savamment graduée.

Ce n'est pas une petite affaire de mener à bien des œuvres de cette importance. Les risques de non-réussite grandissent en proportion du format. Il suffirait de quelques minutes d'inattention pour que l'acide fasse d'irréparables ravages et compromette le résultat d'un long et sérieux travail. L'artiste a heureusement surmonté ces difficultés; mais, ce qui est mieux encore, son œuvre n'a rien perdu de sa saveur, en dépit de l'effort soutenu et prolongé qu'elle a exigé. Cela ne sent pas « la commande », comme il arrive souvent quand l'artiste est d'inspiration plus courte et de volonté moins virile.

Nous croyons toutefois que l'eau-forte de peintre, qui est généralement la notation spontanée d'une impression toute personnelle, n'a rien à gagner à ces dimensions inusitées. Je reconnais que l'artiste est le souverain juge en cette affaire, et l'on pourrait citer l'exemple plus ou moins concluant de grands maîtres qui n'ont pas eu peur des grands formats; mais, en l'espèce, Lhermitte n'a pas choisi le sien. Il lui a été imposé par l'éditeur Tooth, dont on ne peut que louer l'initiative hardie, couronnée d'ailleurs d'un plein succès. En matière d'art, le temps ni la dimension ne font rien à l'affaire. Pour ma part, cependant, je préfère à ces pages patiemment conduites, où le travail manuel, « le remplissage », si j'ose dire, tient nécessairement une place notable, ces petites pièces d'un jet plus libre, d'un effet plus concentré, que l'œil embrasse d'emblée et qui nous donnent une sensation d'art plus pénétrante et plus intense. Nous admirons *Notre-Dame de Rouen* et *Saint-Maclou,* mais nous revenons quand même à *La Vierge de Kersaint,* à *La Visite pastorale,* à *La Boucherie.*

Il est facile de se rendre compte qu'en classant les eaux-fortes de Lhermitte dans leur ordre chronologique, on les classe en même temps par ordre de mérite. Elles suivent constamment une marche ascendante pour aboutir à la *Cathédrale de Rouen* et à *Saint-Maclou*, qui couronnent si dignement la série. Ces deux maîtresses pages sont les dernières qu'il a produites, et il y a lieu de croire qu'il ne reprendra jamais plus la pointe. Le succès croissant du peintre, les hauts prix qu'atteignent ses tableaux et ses pastels, ne lui laissent plus le loisir de se livrer à ces travaux si attachants, mais peu lucratifs, et pour lesquels il n'a plus ses yeux de vingt-cinq ans. On peut donc considérer son œuvre gravé comme clos. Il n'est pas considérable. Du *Souper du Paysagiste,* daté de 1866, ou, pour mieux dire, depuis la *Cuirasse Renaissance,* sa seconde planche, exécutée en 1871, jusqu'à *L'église Saint-Maclou,* terminée en 1887, il a exécuté quarante-trois planches *.

Cette production se répartit sur un espace de quinze années environ, espace relativement court dans la carrière du peintre. Elle correspond à ce qu'on peut appeler sa première manière, avant qu'il sacrifiât un peu la netteté du dessin et le ferme modelé de ses figures à des recherches d'unité plus harmonieuse, à des jeux de lumière plus subtils.

Nous ne saurions trop faire remarquer que l'eau-forte de Lhermitte réalise de la façon la plus complète ce qu'on appelle l'eau-forte de peintre, parce qu'elle est non pas seulement une œuvre originale, mais parce que son exécution, d'une ex-

---

* M. H. Beraldi, au tome IX de son ouvrage : *Les graveurs au* xixe *siècle,* en compte 38.

trême simplicité de moyens, dédaigne l'emploi de procédés auxquels les graveurs de métier ne se font pas faute de recourir, et dont certains artistes, parmi les mieux doués et les plus fameux, ne se sont pas assez privés, comme Charles Jacque, par exemple, surtout dans la seconde série de son œuvre.

La combinaison de ces divers procédés peut être nécessaire dans la gravure de reproduction, où il s'agit, non pas de suivre son sentiment personnel, mais de serrer son modèle le plus près possible; mais elle serait tout à fait déplacée dans des planches dont le charme tient par-dessus tout à leur fraîcheur et à leur spontanéité. L'outillage de Lhermitte est donc des moins compliqués; quelques pointes de diverses grosseurs, cela lui suffit. Pas de burin, pas de ces roulettes dont l'intervention alourdit, amollit le travail primitif. Il use peu de la pointe sèche. Aussi son trait est-il pur, net, ferme et libre tout à la fois, toujours significatif.

L'œuvre gravé de Lhermitte lui constitue un titre modeste (le cadre de cette étude ne me permet pas de parler de ses autres titres), mais solide auprès de dame Postérité, le plus solide même, au sens propre du mot; car le temps, ce destructeur inexorable, a bien vite raison des fines poussières du pastel. Il ronge, dévore, craquelle, noircit les tableaux. L'estampe, toute fragile qu'elle soit, est inaltérable. Avec certaines précautions, elle défie les années. Sans doute elle n'est pas à l'abri des accidents; mais, *una deficiente, non deficit alter.* D'autres épreuves surgissent çà et là, qui n'en seront que plus précieuses en devenant plus rares.

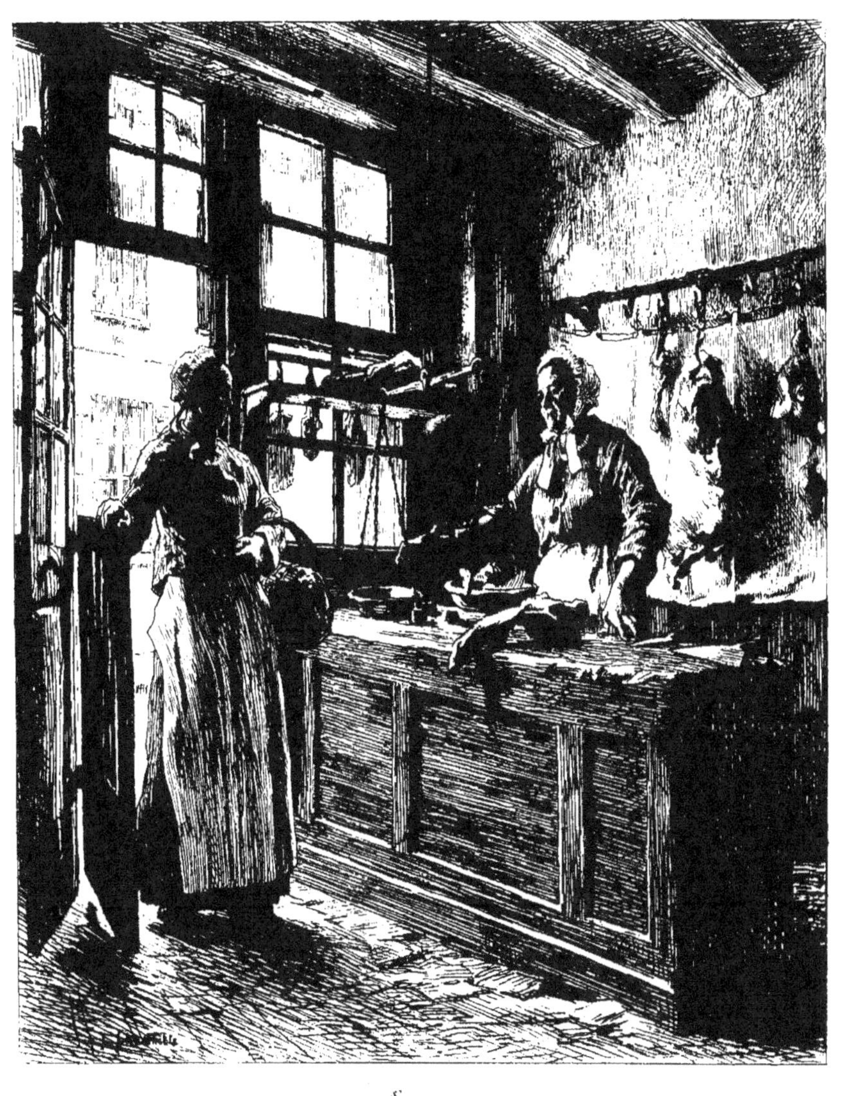

Le tableau a, j'en conviens, des destins plus brillants. Il fait plus grande figure dans le monde; mais l'amour de l'art entre souvent à dose infinitésimale dans les mobiles qui décident les pseudo-amateurs à le couvrir d'or. On achète le nom plus que l'œuvre, par ostentation, comme réclame, comme moyen de crédit parfois pour piper les gogos : fantaisie de milliardaire ou calcul d'aventurier, snobisme ou spéculation la plupart du temps.

L'estampe — et je parle ici spécialement de l'estampe originale, caprice et délassement du peintre — l'estampe, dis-je, a des visées plus discrètes. On l'aime pour elle-même, pour les joies intimes qu'elle procure et que l'on a plaisir à partager avec quelques amis triés. Je ne répondrais pas que M. Dutuit, au milieu des trésors qui l'entouraient, ne dût ses meilleures jouissances aux merveilleux Rembrandt, qui étaient comme son livre de chevet; car l'objet le plus précieux, meuble, vase ou autre, n'est le plus souvent qu'une œuvre anonyme et collective, tandis que l'eau-forte, c'est la pensée, le caprice et comme un autographe du maître.

On ne saurait donc trop se féliciter que Léon Lhermitte, en ses belles années de jeunesse, ait pratiqué cet art charmant, donnant ainsi un peu de lui-même, de son sentiment d'artiste, à ceux de ses admirateurs qui ne peuvent aspirer à ses toiles trop haut cotées.

Septembre 1903.

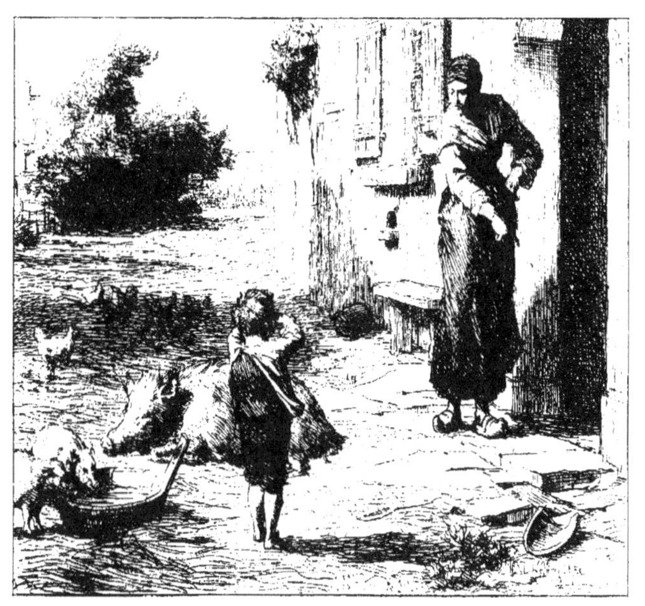

VI

POST-SCRIPTUM

E croyais avoir mis le point final à mon étude sur Lhermitte graveur, et voici que j'y ajoute un post-scriptum. J'aime à croire que le lecteur en prendra facilement son parti, quand il saura pour quelle raison je lui inflige cette page supplémentaire.

Si je le retiens un instant encore, c'est pour lui présenter une planche inédite spécialement destinée à ce volume, auquel elle donne, par surcroît, une saveur d'imprévu et un attrait que les curieux d'art ne manqueront pas d'apprécier.

Ai-je besoin de dire combien mon pauvre texte se réjouit de ce renfort inespéré et à quel point je suis touché de ce nouveau témoignage d'amitié?

Il faut espérer que, mis en goût par ce « flirt » occasionnel avec l'outil depuis si longtemps délaissé, Lhermitte n'a pas définitivement renoncé à s'en servir encore. Nous le souhaitons sans oser y compter. Ce travail incisif de la pointe, ce duel avec l'acide qui ne va pas sans un peu d'angoisse et d'attente inquiète, la satisfaction de créer œuvre qui dure, de buriner, pour les âges futurs, sa pensée sur le métal, tout cela est si attachant qu'on serait tenté de dire : « Qui a gravé gravera, » si la faillite des yeux ne mettait trop souvent bon ordre à ces belles ardeurs.

Quel intérêt pourtant aurait, pour nous tous amateurs, un souvenir gravé, un document imperdable des toiles les plus récentes de Lhermitte, envolées, sous le vent du succès, vers les lointains parages? En regard des planches que nous avons étudiées, ces reproductions donneraient l'impression de la nouvelle manière du peintre, plus sommaire en ses subtiles indications, en ses fermes et essentiels accents, moins serrée, certes, mais plus lumineuse et plus vibrante.

Et puisque ce régal nous est refusé, de quel prix n'est-il pas pour nous, le spécimen charmant des tendances actuelles de l'artiste que nous avons la bonne fortune de mettre sous les yeux du lecteur?

Le sujet est des plus simples. C'est un fragment détaché
d'un de ces poèmes réalistes de la moisson que l'artiste nous a
montrés, aux expositions du Champ-de-Mars ou à l'avenue
d'Antin, en ces dernières années; une simple figure de mois-
sonneuse, mais combien évocatrice! Elle fait surgir devant
nous la composition tout entière : la plaine qui s'étend à perte
de vue dans le chaud poudroiement du soleil au zénith. C'est
l'heure de la sieste consécutive au repas. Tandis que le mois-
sonneur dort, non loin de là, à l'ombre de quelques gerbes
réunies en moyettes, sa femme, dans un geste de tendresse
attentive, donne le sein à l'enfant qui réclame à son tour sa
ration coutumière.

Cette planche, d'un travail léger, alerte et souple, noyée
de lumière, caractérise heureusement la voie nouvelle où l'artiste s'est engagé; et quand on pense qu'il a obtenu ce résultat
d'emblée, en quelque sorte, je veux dire sans réapprentissage
d'un procédé qu'il avait depuis longtemps abandonné, sans
entrainement préalable, on se prend à espérer qu'encouragé
par une si flatteuse réussite, il sera tenté de récidiver, et que
cette planche, si bien venue de toutes les façons, n'est pas son
adieu définitif à l'art qu'il a si brillamment pratiqué.

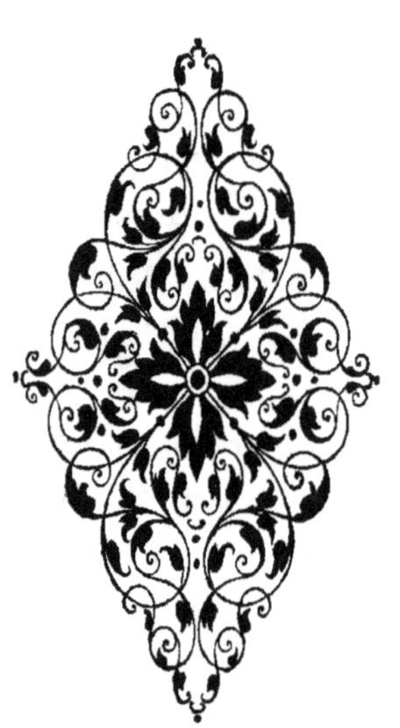

CATALOGUE

DES

Planches gravées à l'Eau-Forte

PAR

LÉON LHERMITTE

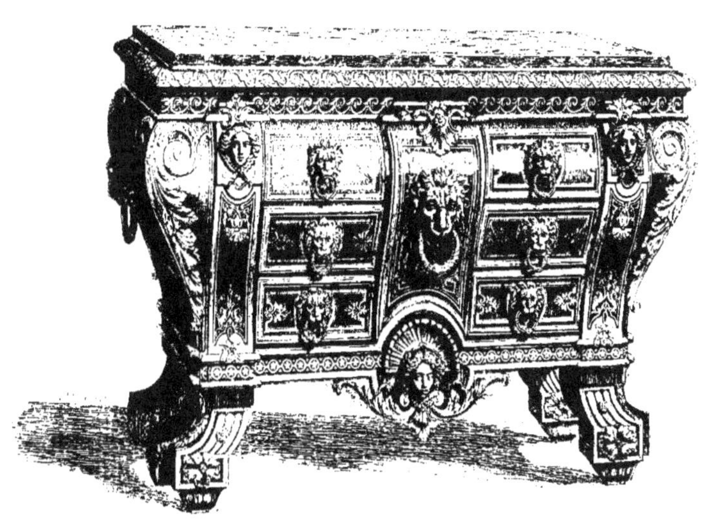

NOTE PRÉLIMINAIRE

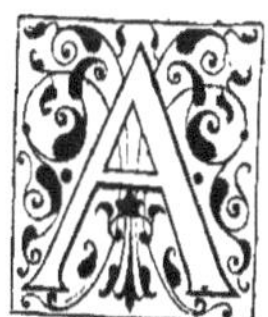VANT *de décrire, mesurer, dater, une à une, à leur rang chrono-
logique et avec leurs signes particuliers, les eaux-fortes qui
composent l'œuvre gravé de Léon Lhermitte, nous avons à présenter quelques observations qui s'appliquent à l'ensemble de cet
œuvre.*

*Un catalogue qui veut être complet ne manque pas de mentionner, autant que
possible, les différents « états » des planches qu'il se propose de classer. Cette
partie de notre tâche se trouve bien simplifiée par ce fait qu'en dehors des épreuves
d'essai destinées à le renseigner sur le degré d'avancement de son travail, Lhermitte n'a que très rarement remanié ses planches.*

8

Il y a, on le sait, « état » différent, chaque fois que le cuivre a subi des retouches ou des morsures qui en ont sensiblement modifié l'aspect, et Lhermitte n'a pas eu souvent besoin de recourir à ces expédients. C'est par exception qu'il a eu recours au planeur pour apporter certaines variantes à son travail initial. Il y a à cela une bonne raison; c'est qu'il ne s'engage qu'à bon escient. Quand il aborde le cuivre, il sait ce qu'il veut et où il va; il conduit son travail avec l'esprit ordonné qu'on lui connaît, sans courir après les petits bonheurs de rencontre comme font beaucoup d'artistes moins sûrs d'eux-mêmes ou dominés par leur nervosité. Aussi touche-t-il presque toujours au but du premier coup.

N'oublions pas non plus que c'est accessoirement, en quelque sorte, parallèlement aux travaux qui faisaient l'objet constant de ses efforts et de ses espoirs, comme une ressource point négligeable, au temps de sa prime jeunesse, comme un régal et un délassement plus tard, que Lhermitte a manié la pointe, et c'est encore, à mon sens, une raison pour qu'il ait dédaigné de s'offrir le luxe « d'états » compliqués.

Il en va tout autrement avec les professionnels de la pointe et du burin. Ceux-là mettent, au contraire, comme une sorte de coquetterie à multiplier les « états » de leurs planches. Tantôt ils tirent des épreuves avec certaines parties inachevées à dessein; tantôt ils griffonnent dans la marge des signes ou croquis établissant l'antériorité du tirage et qu'ils effaceront ensuite. Ils se procurent ainsi, à bon compte, des épreuves dites « de remarque », recherchées des amateurs. Ce sont les petites satisfactions et quelquefois les gros profits du métier. Je n'ai pas besoin de dire que Lhermitte a toujours négligé ce côté particulier de la question. Quelques épreuves d'essai tirées « nature », comme nous l'avons dit; puis, après quelques retouches inévitables et parfois certaines opérations complémentaires, un petit nombre d'épreuves sur Hollande, Chine, Japon ou parchemin, et c'est tout.

Lhermitte s'adressait pour ces tirages restreints à François Liénard, l'élève et successeur d'Auguste Delâtre, et quelquefois à l'aimable et complaisant Ardail, de la maison Salmon et Porcabeuf, qui n'avait pas son pareil pour l'habileté avec laquelle ce collaborateur précieux de l'artiste savait encrer, engraisser, « retrousser », soutenir la planche qu'on lui confiait. *Après quoi Lhermitte livrait son œuvre aux éditeurs, anglais le plus souvent, qui faisaient graver « la lettre » et procéder au tirage courant.*

Lhermitte a gravé le plus grand nombre de ses planches d'après ses propres fusains. Plusieurs l'ont été d'après ses peintures, telles : Le Lutrin, Les Lavandières de Saint-Malo, Le Repos des Faneurs. *Quelques-unes enfin sont absolument originales et directes, comme* La Cathédrale de Rouen *et* L'Église Saint-Maclou, *qui ont été exécutées à l'aide de documents, croquis, notes prises sur nature.*

Il nous reste à dire un mot en terminant des nombreuses reproductions dont les tableaux les plus célèbres de l'artiste ont été l'objet. Ces interprétations, souvent réussies, offrent cet intérêt qu'elles nous conservent l'image de toiles que l'étranger nous a prises ou que les collections privées ont pour longtemps retirées de la circulation. La Paye des Moissonneurs, *son œuvre la plus populaire, a été maintes et maintes fois traduite. Nous nous bornerons à signaler la belle lithographie que nous en a donnée M. Lunois (Chalcographie du Louvre). Le même artiste a lithographié* Le Pot de Vin, *d'après un excellent fusain du Salon de 1881. Citons encore* L'Aïeule *(1881), lithographie exposée en 1885 par M. Letoula, et* Le Vin, *la magistrale composition du Salon de 1885, lithographiée par M. Louis-Aug. Damman, qui a aussi gravé à l'eau-forte* Les Foins *du Salon de 1887.*

Le panneau décoratif commandé pour la Sorbonne, Claude Bernard vivisectant un lapin sous les yeux de ses élèves et de savants professeurs, ses collègues *(Salon de 1889), a été lithographié par M. Eugène Pirodon et gravé par M. Los Rios pour* Le Livre d'or du Salon de 1889; La Fenaison, *du Salon de 1888, a été gravée par M. Focillon;* Le Repos des Moissonneurs, *du Salon de 1890, par M. Albert Duvivier;* Le Bûcheron, *par M. Courtry;* Les Distillateurs au Village, *par M. H. Lefort (Album Durand-Ruel);* Les Halles de Paris; *ce tableau destiné à la décoration de l'Hôtel de Ville (Salon de 1895), a été gravé par M. Lecouteux, sur commande de la Préfecture de la Seine.*

Nous n'en finirions pas si nous voulions énumérer maintenant toutes les gra-

vures sur bois exécutées chaque année, d'après les tableaux du Salon, pour les périodiques illustrés. Nous rappellerons seulement que nul xylographe n'a plus fidèlement rendu et mieux pénétré le faire et l'esprit du maître que M. Clément Bellenger. Il suffit, pour s'en convaincre, de feuilleter le livre de M. André Theuriet, *La Vie rustique; l'album des Mois rustiques du Monde illustré; de voir* La Boucherie de Campagne, *dans l'album intitulé :* Les Fusains de M. Lhermitte; François Liénard et son fils, *dans le journal* L'Art, *etc., etc.*

Je veux dire un mot pourtant du bois très intelligemment gravé par Mlle Vanda Strazynska, *d'après* La Mort et le Bûcheron, *du Salon de 1894. Tout en rendant justice au talent de* Mlle Strazynska, *et en la félicitant de s'être attaquée à cette belle page, nous croyons que cette œuvre, si élevée par son sens d'éternelle humanité, mérite mieux qu'une simple gravure sur bois. Sans doute la sévérité du sujet n'est pas pour encourager les éditeurs forcés de compter avec les goûts du public; mais n'est-ce pas précisément le rôle de la Chalcographie du Louvre, qui doit s'inspirer avant tout de la question d'art, de transmettre aux générations à venir les œuvres de beauté supérieure qui ne peuvent prétendre au succès d'argent? La toile* La Mort et le Bûcheron *appartient à l'État. Pourquoi la Direction des Beaux-Arts n'en demanderait-elle pas une reproduction à un de nos habiles graveurs? Notre vœu sera-t-il entendu? Nous aurons du moins la satisfaction de l'avoir formulé.*

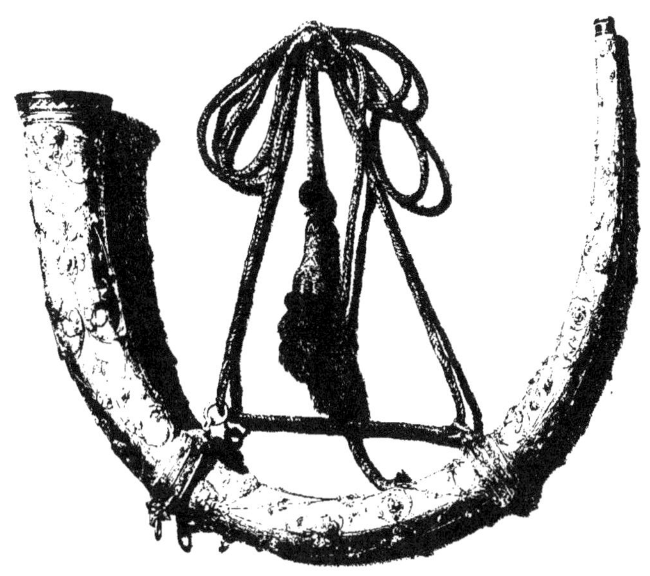

I

Le Souper du Paysagiste

En hauteur : o^m 11 sur o^m 8. — Signé en bas, à droite : « *L. Lhermitte sc.* »

Dans une salle d'auberge, par un soir d'automne, à en juger par le feu qui flambe dans l'âtre, un peintre, rentré de sa séance, mange de bon appétit, le dos tourné à la chaleur du foyer. Une servante, debout, tient un saladier. Une chandelle éclaire la scène.

Cette planche a paru dans la première édition du *Paysagiste aux Champs* (1 vol. in-8°, par F. Henriet; Achille Faure, éditeur, Paris, 1866). On la retrouve dans l'édition nouvelle, considérablement augmentée, publiée en 1876 par A. Lévy.

Il en a été tiré un certain nombre d'épreuves avant lettres sur chine en 1866, chez Salmon, imprimeur.

2

Cuirasse Renaissance

En hauteur : 0^m 25 sur 0^m 15. — Signé en bas, à gauche : « *L. Lhermitte.* »

Cette cuirasse en fer damasquiné est décorée de rinceaux et arabesques de style Renaissance : oiseaux dans les entrelacs et fleurons terminés par des têtes d'hommes ou d'animaux fantastiques.

Le gorgerin est orné d'une frise représentant des divinités marines qui combattent et des femmes portées sur la croupe de tritons qui sonnent de la trompe.

En bas de la cuirasse, un phylactère sur lequel on lit :

« Paulus-de-Necrolis. »

Cette eau-forte, mordue à Londres sous les yeux de Legros, est la seconde en date de l'œuvre de Lhermitte. Elle est la première des douze planches que l'artiste a exécutées pour l'ouvrage d'Édouard Lièvre : *Works of Art in the Collection of England,* publié à Londres chez Holloway.

Elle a été exposée au salon de 1873.

3

Bas-Relief Assyrien

En largeur : 0^m 25 sur 0^m 17. — Signé en bas, au milieu : « *L. Lhermitte.* »

Un lion représenté de profil et tourné à gauche marche d'un pas majestueux derrière une claire-voie à lames horizontales. Cette claire-voie est surmontée d'une autre, plus petite, derrière laquelle un homme, debout, tient les deux extrémités d'une sorte de pagne.

Ce bas-relief en pierre appartient au British Museum.

Cette planche offre une particularité curieuse à noter : elle est entièrement exécutée au moyen de traits horizontaux.

Pour l'ouvrage d'Ed. Lièvre : *Works of Art in the Collection of England*. Gravé à Londres en 1871.

4

Vases Japonais

En largeur : 0^m 19, sur 0^m 17. — Signé en bas, au milieu : « *L. Lhermitte sc.* »
Épreuve de 1er état non signée.

Brûle-parfums en bronze cloisonné, près d'un vase en jade.

Cette planche a été publiée dans l'ouvrage d'Ed. Lièvre et exposée au Salon de 1873.

5

Gobelet antique

en argent repoussé

Signé en bas, au milieu : « *L. Lhermitte sc.* »

Ce gobelet est reproduit dans sa grandeur réelle. Il mesure 0^m 11 sur 0^m 7 de diamètre. Il est représenté sous trois aspects afin de montrer la totalité du sujet qui se développe sur la circonférence du vase.

Ce sujet est une priapée. Sur l'une des faces, une bacchante excite le Dieu; sur la seconde, un satyre tenant un thyrse, avec une peau de tigre sur le bras, danse en face d'une bacchante échevelée qui lui fait vis-à-vis en agitant une écharpe.

British Museum; planche exécutée à Paris en 1872 pour l'ouvrage d'Éd. Lièvre et exposée au Salon de 1873.

6

Collier

En hauteur : 0^m 21 sur 0^m 16. — Signé en bas, au milieu : « L. Lhermitte. »

Ce collier de l'époque de la Renaissance est formé de vingt grains en onyx, de deux grosseurs alternées, réunis par de petits chatons émaillés, montés en or et ornés d'une perle à leur centre.

Du collier se détache une chaînette terminée par une sorte de breloque figurant une main, émail et or, tenant une sorte d'aiguille.

Appartient à M. Lionel de Rothschild.
Pour l'ouvrage d'Éd. Lièvre : *Works of Art in the Collection of England.*
Cette planche a été exposée au Salon de 1873.

7

Chanfrein en acier
de style Renaissance

En hauteur : 0^m 24 sur 0^m 15.

Deux bandes d'acier poli, ornées, au milieu, d'un ruban niellé, séparent le chanfrein en trois compartiments décorés d'élégantes arabesques finement ciselées.

La partie médiane, plus large que les deux autres, a reçu la plus riche ornementation. Le motif principal consiste en deux figures nues tenant une sorte de flambeau, et se reliant aux oiseaux et aux vases qui garnissent la zone supérieure.

Dans les deux compartiments de droite et de gauche, rinceaux d'oiseaux et fleurs s'entrelaçant avec des têtes de satyres.

Publié dans l'ouvrage d'Édouard Lièvre : *Works of Art in the Collection of England.*

8

Coupe en cristal de roche

En largeur : 0ᵐ 20 sur 0ᵐ 14. — Signé en bas, au milieu : « *L. Lhermitte.* »

Cette coupe de forme oblongue, en cristal de roche taillé et gravé, est portée sur un pied qui se sépare en deux branches. Les trois morceaux de cristal qui le composent sont rattachés par des anneaux en or, et le tout est monté sur un cercle en or finement gravé et ciselé. La poignée en cristal est terminée par un rivet de métal; une frise de feuilles d'achante et de cannelures borde la partie supérieure de la coupe.

La panse du vase est ornée de plantes marines sous lesquelles sont représentés des sujets mythologiques. On y voit un cavalier poursuivant des gens qui enlèvent des femmes et les embarquent dans un bateau.

Style de la Renaissance; publié dans l'ouvrage d'Éd. Lièvre : *Works of Art in the Collection of England.*
Cette planche a été exposée au Salon de 1873.

9

Olifant

En largeur : 0ᵐ 24 sur 0ᵐ 17.

Ce cor, en ivoire sculpté et or ciselé, est suspendu à un clou par une cordelette passée dans deux anneaux de métal.

Des rinceaux ou arabesques du dessin le plus délicat, avec fleurons, oiseaux, têtes d'amours et de satyres, courent autour de ce morceau d'ivoire foré d'un travail prodigieusement élégant et fin.

Époque de la Renaissance.

Le graveur s'est montré en tout point à la hauteur du merveilleux objet qu'il avait à reproduire.

Épreuve de premier état non signé.

Pour l'ouvrage d'Éd. Lièvre : *Works of Art in the Collection of England.*

10

Plat en émail de Limoges

Ce plat rond, en émail de Limoges, mesure 0ᵐ 19 de diamètre. Il représente l'enlèvement des Sabines. On voit au premier plan des soldats sabins disputant à des Romains une femme que ceux-ci entraînent vers un bateau. Au second plan, choc de cavaliers.

Sur le marli, quatre sujets antiques reliés par une ronde de petits faunes ailés et de nymphes qui se tiennent les uns et les autres au moyen de banderoles.

Pour l'ouvrage d'Édouard Lièvre : *Works of Art in the Collection of England.*

I I

Commode Louis XIV

En largeur : 0^m 19 sur 0^m 13.

Cette commode, du XVIIe siècle, à ventre renflé dans la partie supérieure et sur les faces latérales, évidée vers le bas, se compose de six tiroirs séparés trois à trois par un septième tiroir perpendiculaire qui occupe le milieu du meuble.

Ces six tiroirs sont maintenus aux extrémités par deux pilastres surmontés par des têtes de femme. Les tiroirs sont munis d'anneaux de tirage passés dans la gueule de lions.

En bas, au milieu, un motif d'ornement formant pendentif avec tête de femme au centre.

Le meuble porte sur quatre pieds cannelés. Incrustations d'argent ou d'acier; frise supérieure formée de flots, et cordon de rosaces dans la partie inférieure du meuble.

Pour l'ouvrage d'Édouard Lièvre : *Works of Art in the Collection of England.*

I 2

Meuble à deux Corps

(XVIIe SIÈCLE)

En hauteur : 0^m 22 sur 0^m 13.

Ce meuble, genre Boule, en ébène incrusté d'ivoire, est enrichi de mascarons en argent représentant des têtes de femmes ou de satyres. Il se compose d'une sorte de console ou tablette avec tiroir formant support et d'un coffret mobile posé sur le corps inférieur du meuble. Le couvercle de ce coffret est de forme convexe, et les côtés sont munis de poignées.

L'élégance des arabesques, la finesse des incrustations et le bon style des mascarons font de ce meuble une pièce exceptionnelle. Elle appartenait à cette époque à M. Richard Wallace.

Le graveur s'est surpassé dans cette planche d'une exécution irréprochable.
Signé à droite, au-dessus de la terrasse : « L. Lhermitte. »
Pour l'ouvrage d'Édouard Lièvre : *Works of Art in the Collection of England.*

1 3

Saint Georges

En hauteur : 0ᵐ 33 sur 0ᵐ 15. — Signé en bas, au milieu : « *L. Lhermitte.* »

La figure de saint Georges, œuvre de Lorenzo di Credi, est d'une élégance toute florentine.

Le saint est peint sur un panneau encastré dans un encadrement en bois sculpté, de style italien de l'époque de la Renaissance.

Saint Georges a la tête tournée à droite et nimbée. Il porte le costume militaire, tient de sa main droite une lance à l'extrémité de laquelle flotte un fanon, et soutient de la main gauche un bouclier qui pose à terre.

Il occupe une sorte de niche cintrée par le haut, surmontée d'une frise, d'une corniche ornée d'oves, dents de scie, canaux, avec, en amortissement, deux figures fantastiques à corps de femme et à queue de poisson.

Des pilastres ornés d'arabesques soutiennent cet entablement. Cette partie supérieure repose sur un soubassement divisé en trois panneaux sculptés, dont un au centre et deux plus petits de chaque côté, correspondant aux pilastres auxquels ils servent de base.

Pour l'ouvrage d'Édouard Lièvre : *Works of Art in the Collection of England.*

14

L'Amende honorable

En hauteur : 0^m 21 sur 0^m 205.

Cette planche, gravée d'après le célèbre tableau de Legros du musée du Luxembourg, représente un pénitent nu, agenouillé devant un abbé mitré à la physionomie sévère. Un moine se tient prêt à écrire la sentence; un second, le chapelet à la main, paraît plein de commisération. Deux autres religieux assistent peinés à cette scène imposante.

Épreuve unique; grise par insuffisance de morsure. Le cuivre a dû être plané.

15

La Dame au Chien

En hauteur : 0^m 20 sur 0^m 165.

D'après Willems. Une femme debout, vêtue d'une robe de satin blanc, portant une riche aumônière suspendue à sa ceinture, coiffée d'une toque de velours noir, attache son gant, en détournant légèrement la tête pour regarder un petit chien.

Ce tableau a été peint en 1859, puisqu'il porte cette inscription : « F. Willems. 59 » que le graveur a reproduite sur sa planche; mais il n'a été exposé, croyons-nous, qu'en 1864, sous le titre : « La Sortie. »

Cette planche a été gravée pour l'ouvrage d'Édouard Lièvre : *Collections d'Art français*.

L'épreuve que nous avons sous les yeux ne porte pas la signature du graveur.

16

Le Lutrin

En hauteur : 0^m 10 sur 0^m 07.
Signé sous le trait d'encadrement, à gauche : « *L. Lhermitte.* »

Gravé par l'artiste, d'après son tableau du Salon de 1873. Le peintre a pris pour modèle le sanctuaire de l'église Saint-Séverin, à Paris, et groupé, autour du lutrin, le serpent de la paroisse, la contre-basse et les chantres. Les stalles du chœur sont occupées par des prêtres.

Ces figures sont autant de portraits. On reconnaît le père du peintre, dans le chantre à la chape brodée d'or.

Cette petite planche a été publiée dans la revue *Paris à l'eau-forte*, fondée en 1873 par Richard Lesclide, rédacteur-éditeur, sous la direction artistique de Frédéric Régamey. Elle a paru dans la livraison du 1er juin.

17

La Veillée

En largeur : 0^m 11 sur 0^m 08.
Signé sous le trait d'encadrement, au milieu : « *L. Lhermitte del. et sc.* »

Dans la salle d'une maison de village, éclairée par une lampe suspendue à la poutre du plafond, sept commères du voisinage sont réunies pour travailler en commun et bavarder de compagnie. La plupart, quenouille sous le bras, le pied sur la pédale du rouet, filent le chanvre. Au fond de la pièce une jeune fille coud et une fillette semble apprendre à tricoter sous l'œil et avec les conseils de sa mère.

Cette planche, gravée d'après le fusain de l'auteur exposé au Salon de 1873, a été publiée la même année dans *Paris à l'eau-forte*.

18

Portrait de Ch. Daubigny

En hauteur : 0^m 12 sur 0^m 10.

Signé sous le trait d'encadrement, à droite : « *L. Lhermitte del. et sc.* »

L. Lhermitte a dessiné et gravé ce cuivre d'après le portrait au fusain qu'il a fait dans l'atelier du célèbre paysagiste (rue Fontaine-Saint-Georges), qui a bien voulu poser pour lui.

Il est représenté à son chevalet, coiffé du béret qu'il portait dans son atelier.

Cette planche sert de frontispice à l'ouvrage : *Daubigny et son œuvre gravé,* 1 vol. in-8°, par Frédéric Henriet. Paris, A. Lévy, 13, rue Lafayette. 1874.

19

Le petit Polisson

En largeur : 0^m 14 sur 0^m 10. — Signé dans le bas, à droite.

« Viens çà, ici, vilain garnement, et plus vite que ça... », crie du seuil de sa porte une mère courroucée à son bambin ; mais celui-ci ne bouge pas plus qu'une borne, car il sait la correction qui l'attend et jette d'avance les hauts cris.

Détail particulier : Des pourceaux dorment ou mangent à plein groin leur « bourlande », dans des auges de bois, aux abords de l'habitation.

Cette planche a été faite pour l'édition de 1876 du *Paysagiste aux champs,* A. Lévy, éditeur, rue Lafayette, 13.

20

La Récolte des Pommes de terre

En longueur : 0^m 14 sur 0^m 08.

Signé dans le milieu de la marge : « *L. Lhermitte del. et sc.* »

Dans la plaine nue et sans horizon, un couple de paysans récoltent des pommes de terre. L'homme debout se repose un instant sur son hoyau. La femme dégage les tubercules que son outil a mis à découvert.

Plus loin, une autre femme charge un baudet de sacs remplis du bienfaisant légume.

Cette planche et les quatre suivantes sont la reproduction de fusains qui ont appartenu à M. Durand-Ruel. Elles ont paru dans l'ouvrage qu'il a publié en 1878, sous le titre : *La Galerie Durand-Ruel.*

21

L'Eau-de-vie de Marc

En longueur : 0^m 13 sur 0^m 082. — Signé dans le milieu de la marge : « *L. Lhermitte del. et sc.* »

On pourrait donner pour sous-titre à cette planche : « Le Bouilleur de Cru. » Dans une courette exiguë fonctionne l'appareil qui réduit en alcool brut la récolte du vigneron. Celui-ci s'entretient avec deux hommes dont l'un goûte le « tord-boyaux », qui, dûment rectifié, paraîtra « un velours » pour le palais blindé des campagnards.

D'après un dessin exposé au Salon de 1868.

22

L'Alambic

En longueur : 0ᵐ 13 sur 0ᵐ 087.
Signé dans le milieu de la marge : « *L. Lhermitte del. et sc.* »

Cette composition offre quelque analogie avec la précédente; mais elle est agrémentée de détails qui rachètent un peu le côté industriel et antipittoresque des engins de laboratoire qu'elle met sous nos yeux.

Sous un hangar, un alambic traite les résidus du pressoir pour en tirer cette eau-de-vie de marc dont nos paysans sont très friands. Le vigneron, assis, surveille l'opération et remplit le verre d'un voisin qui tient un broc.

Du hangar, on aperçoit un coin de village : une maison précédée d'une cour entourée d'une clôture à claire-voie. Un puits, dont un homme manœuvre le treuil pour tirer un sceau d'eau; deux commères qui causent sur le seuil de la maison. Ces amusants épisodes sont rendus avec autant de finesse que de vérité.

23

La Saint-Sébastien

En longueur : 0ᵐ 14 sur 0ᵐ 08.
Signé dans le milieu de la marge : « *L. Lhermitte del. et sc.* »

Les chevaliers de l'arc assistent à la messe célébrée en l'honneur de saint Sébastien, patron des archers. Ils se tiennent rangés militairement, tambour en tête, avec leur capitaine, sabre au clair, et le porte-drapeau de la compagnie.

Sur les marches de l'autel, le prêtre adresse à ses ouailles occasionnelles une allocution de circonstance, en s'inspirant de la légende du saint dont on voit l'effigie percée de flèches sur le fût de colonnette qui lui sert de support.

Au premier plan sont figurés, à mi-corps, les chantres et les enfants de chœur.

24

La Saint-Nicolas

En longueur : 0^m 13 sur 0^m 082.

Signé au milieu de la marge : « *L. Lhermitte del. et sc.* »

Intérieur bien tenu de cultivateurs aisés. Un air de fête règne dans la grande salle de la ferme. C'est la Saint-Nicolas. On a mis une nappe toute blanche qui fleure bon la lessive, et la soupière est sur la table. Les petits garçons, qui vont ce jour-là de maison en maison, selon un usage immémorial, chantent, agenouillés, la complainte du saint. Le plus âgé porte un bâton terminé par un gros bouquet.

On les régalera tout à l'heure d'une bonne assiettée de soupe. Le fermier, assis près de l'âtre, et la fermière debout, les regardent en souriant. Il n'est pas jusqu'au chat qui ne prenne part à la fête en se frottant contre le pied de la table avec un ronron significatif. Charmante petite scène de mœurs villageoises, honnêtes et saines, qui sont déjà loin de nous.

25

« Un Vieux de la Vieille »

En hauteur : 0^m 15 sur 0^m 11. — Signé en haut, à gauche : *« L. Lhermitte. »*

Un habitant de Mont-Saint-Père, ancien militaire médaillé de Sainte-Hélène, de son véritable nom « le père Hubert », a servi de modèle à l'artiste, qui l'a plusieurs fois représenté, tantôt en habits civils, tantôt dans son uniforme de soldat, tel qu'on le voit dans la planche ci-désignée, coiffé de son bonnet de police et assis près de l'âtre, les mains posées sur les genoux, selon l'habitude des vieillards.

Le visage et les mains sont très soigneusement dessinés. Il y a tout un passé d'honnêteté, de soumission au devoir, dans cette physionomie énergique et loyale.

La franchise des oppositions entre les noirs de l'habit et les blancs du pantalon donne à cette pièce un aspect de simplicité large tout à fait original.

Gravé d'après un fusain exposé au Salon de 1873. L'eau-forte a été elle-même exposée en 1878 dans un cadre de six sujets.

26

La Chambre à Blé d'un Moulin

en Bretagne

En largeur : 0^m 28 sur 0^m 19. — Signé dans le bas, à gauche : *« L. Lhermitte. »*

Un paysan emplit de farine fraîchement blutée un sac en le présentant au goulot d'un récipient placé sous la cuve.

Sa femme, debout à ses côtés, tient un sac vide qu'elle s'apprête à lui passer.

Cette planche a paru dans l'album Cadart : *L'Illustration nouvelle* (1878).
Épreuves avant lettres sur papier vergé.
Ce sujet a été utilisé par l'auteur dans le volume de M. André Theuriet : *La Vie rustique,* publié par Launette en 1887.
La Chambre à Blé figure au nombre des charmantes vignettes dessinées sur bois, pour cet ouvrage, par Lhermitte, et très intelligemment gravées par Clément Bellenger.

27

Les Vendanges

En largeur : 0^m 25 sur 0^m 17. — Signé dans le bas, à gauche : « *L. Lhermitte.* »
Épreuves avant le titre sur papier de Hollande.

Un groupe de vendangeurs et de vendangeuses s'avancent en bon ordre à travers la vigne, penchés sur les ceps, serpette à la main, coupant dextrement les grappes vermeilles.

Un homme, debout, tient sur ses épaules un lourd panier-mannequin qu'un âne va tout à l'heure emporter au pressoir.

Premiers plans bien mordus; arrière-plan un peu fatigué, retouché et comme effacé par le travail du brunissoir. Cette planche est une reproduction du grand fusain exposé par l'artiste au Salon de 1869. Elle a paru dans les publications Cadart.

28

Marchandes de Poisson
à Saint-Malo

En hauteur : 0ᵐ 24 sur 0ᵐ 17. — Signé dans le bas, à droite : « *L. Lhermitte.* »

Une femme debout se dispose à détailler un poisson, au gré de l'acheteuse, qu'une autre marchande assise sollicite de son côté.

Au second plan, pêcheurs assis fumant; plus loin, pêcheurs et marchandes.

Au fond, la rue avec ses auvents, ses encorbellements rapiécés d'ardoises, ses tuyaux fixés aux lucarnes des maisons.

Morsure franche et nette, aux plans bien dégradés. Un heureux coup de lumière concentre l'effet sur le tablier, les mains de la marchande, et sur la raie étalée sur la table.

Publiée dans les livraisons Cadart.

29

Portrait d'Amédée Jullien

En hauteur : 0ᵐ 21 sur 0ᵐ 17.

Signé dans le haut, à gauche, et daté : « *L. Lhermitte, 1881.* »

Amédée Jullien, peintre et graveur, originaire de la Nièvre, est l'auteur d'un ouvrage in-4° : *Le Nivernais à travers les âges,* auquel le portrait ci-désigné sert de frontispice.

Jullien y est représenté assis à sa table de travail. Il tient sa pointe de la main droite et son bras gauche pose sur un carton à dessin. Sur la table, un flacon d'acide et la carte du département de la Nièvre.

Épreuve sur Chine collé.

30

L'Amour malade; l'Amour guéri

Deux petits sujets de 0^m 085 sur 0^m 077 (en largeur), d'après Henri Baron. — Non signé.

Cinq petits amours, le bras en écharpe ou se traînant à l'aide de béquilles, frappent à la porte d'un hôpital que Mercure va leur ouvrir. A l'arrière-plan, des femmes semblent les prendre en pitié.

Le pendant nous montre les cinq polissons s'échappant de l'asile sauveur, dispos et gaillards, tout prêts à de nouveaux exploits.

Deux femmes semblent leur faire de loin un appel galant.

Composé et gravé par Lhermitte pour l'ouvrage du docteur Witkowski, alors élève externe à la Charité, intitulé : *Les Joyeusetés de la médecine* (1882).

31

Pèlerinage

En largeur : 0^m 25 sur 0^m 19. — Lithographie.

Devant un reliquaire exposé à la vénération des fidèles, une famille, venue de loin et lasse de sa route, s'est agenouillée et prie. Elle se compose de l'aïeule, de son fils vêtu d'un manteau de berger, de sa bru et de ses petits-enfants : trois générations.

Reproduction du tableau exposé sous le même titre au Salon de 1877.
Cette lithographie a été exécutée pour un album de lithographies originales sur le Salon de 1877, publié par Lemercier, imprimeur lithographe, rue de Seine.
C'est la seule fois que l'artiste a employé ce procédé.

32

La Vierge de Kersaint

En hauteur : 0ᵐ 21 sur 0ᵐ 16. — Signé au bas, à droite : « *L. Lhermitte.* »

Dans une chapelle d'une église de village, une statue de la Sainte-Vierge, portant l'Enfant-Jésus dans ses bras, est, dans le pays, l'objet d'une dévotion particulière. Elle est placée dans une niche surmontée d'un pinacle sculpté et ajouré.

Le groupe divin paraît comme auréolé de lumière, tandis que, dans l'ombre de la nef, des femmes en costume breton prient, leur chapelet à la main, assises sur les bancs ou agenouillées sur les dalles de l'église.

Publiée par Mᵐᵉ Vᵉ Cadart dans *L'Illustration nouvelle*, d'après une peinture exposée au Salon de 1875 sous le titre : *Pèlerinage à la Vierge du pilier*, ou d'après un fusain du même Salon : *La Vierge de Kersaint*.
Cette planche a été publiée dans *L'Illustration nouvelle*, Cadart et Luce, éditeurs.
Epreuves d'artiste sur Chine.
Cette planche a été exposée au Salon de 1878 dans un cadre où figurèrent : 1° *Le Vieux de la Vieille;* 2° *L'Eau-de-vie de Marc;* 3° *La Saint-Nicolas;* 4° *La Saint-Sébastien;* 5° *Le Portrait de C. Daubigny;* 6° *La Malade.*

33

La Malade

Hauteur 0^m 21, largeur 0^m 19. (Dimensions du cuivre.)
Signé en bas, à gauche : *« Lhermitte. »*

Malade ou octogénaire? Tous les deux à la fois sans doute. La pauvre vieille est affaissée dans un fauteuil recouvert d'une housse en toile grise. Un châle recouvre frileusement ses épaules. Il y a de l'angoisse dans son visage au regard profond et lointain. Ses longues mains amaigries s'attachent aux bras du fauteuil comme on se cramponne à la vie.

Cette pièce superbe compte parmi les meilleures de l'artiste. Travail simple et large; morsure franche, sans reprises ni retouches..

Cette planche a été exposée au Salon de 1878 et publiée par *La Gazette des Beaux-Arts,* année 1888.

Le tirage de *La Gazette* a été fait chez A. Clément, imprimeur. La signature de l'artiste a disparu et a été remplacée par le titre et le nom de l'auteur gravés : « La Malade, par L. Lhermitte. »

34

L'Épicerie de Village

En hauteur : 0^m 18 sur 0^m 14. — Signé dans le bas, à gauche : *« L. Lhermitte. »*
Épreuves avant lettre sur papier de Hollande.

Debout dans la boutique, une paysanne âgée attend qu'on la serve. Derrière le comptoir, une jeune fille pèse la marchandise avant de la livrer.

La lumière tamisée par les vitres de la devanture éclaire la jeune marchande et caresse les boîtes et cartons empilés sur les rayons de la boutique.

Le jour doux qui pénètre par le cadre de la porte ouverte glisse sur le bonnet et les épaules de la cliente, et sur une bonbonne qui relie adroitement les différents degrés de cette gamme lumineuse. Excellente pièce réussie de tous points.

Elle a été publiée par Cadart dans les livraisons de *L'Illustration nouvelle*, 1879.

35

Lavandières à Saint-Malo

En hauteur : 0ᵐ 24 sur 0ᵐ 18. — Signé dans le bas, à gauche : « *L. Lhermitte.* »

Debout au beau milieu d'une rue inaccessible aux voitures, elles lavent leur linge sur des tréteaux à hauteur d'appui. L'une le tord au-dessus d'une tinette remplie d'eau; une autre le frappe à grands coups de battoir; une troisième, chargée des hardes déjà soumises à ces opérations purificatrices, les rentre à la maison, cependant qu'une quatrième les étend à sa fenêtre.

Au fond, à gauche, une commère, sur le seuil de la porte, cause avec un homme infirme et une femme tenant un enfant.

Cette eau-forte a été publiée dans le recueil anglais : *The Etcher*, livraison de juin 1881. Elle est la reproduction exacte du pittoresque petit tableau exposé au Salon de 1879, sous le titre : *Une Rue à Saint-Malo*.

36

La Boucherie

En hauteur : 0ᵐ 17 sur 0ᵐ 16. — Dimensions originaires du cuivre : 0ᵐ 28 sur 0ᵐ 20.
Il a été coupé pour entrer dans le format du magazine
auquel la planche était destinée : « *The Etcher.* »
Ce recueil l'a publié dans sa livraison de juin 1881.

Une jeune servante, panier au bras, la main droite posée sur la claire-voie qui défend la boutique contre les incursions des chiens errants, vient aux provisions. La bouchère lui présente un morceau de « première catégorie », qu'elle va déposer dans la balance. Des crocs où pendent des viandes diverses sont fixés au mur.

Quelques épreuves ont été tirées sur Japon avant qu'on ait coupé la marge inférieure du cuivre.

Epreuve de premier état, tirée nature, à titre de spécimen et d'essai, très curieuse en ce qu'elle donne tel quel le travail du graveur, avant que l'imprimeur ait engraissé la planche et l'ait retroussée au chiffon ou avec la paume de la main, pour la mettre à l'effet que désire l'artiste.

37

La Halle aux Poissons
à Saint-Malo

En largeur : 0ᵐ 23 sur 0ᵐ 16. — Signé en bas, à gauche : « *L. Lhermitte.* »
Épreuves avant lettre sur Japon.

Le marché aux poissons se tient sous les piliers de bois de la halle et à ses alentours. Sur des tables formées de planches posées sur des futailles, le

poisson frétille et des marchandes le débitent aux ménagères. Une femme
vêtue de la cape noire du pays marchande un lot.

Planche très réussie, d'une morsure franche et d'une bonne lumière, publiée dans
le recueil anglais : *The Port-folio,* numéro de juillet 1881.

38

La Visite pastorale

En hauteur : 0ᵐ 21 sur 0ᵐ 18. — Signé dans le bas, à gauche : « *L. Lhermitte.* »

Dans une église du plus pur gothique aux piliers massifs, un évêque donne
sa bénédiction aux fidèles qui se pressent et s'agenouillent devant lui.

Morsures bien venues, point fatiguées, trait pur et travail clair.
Cette pièce, à citer parmi les meilleures, a été publiée par *The Port-folio,* dans son
numéro de septembre 1881.
Il en a été tiré un certain nombre d'épreuves sur Japon.

39

La Rue de Buci

En hauteur : 0ᵐ 22 sur 0ᵐ 16. — Signé dans le bas, à droite : « *L. Lhermitte.* »

La vue est prise de la rue Saint-André-des-Arts.
On aperçoit à gauche l'arcade à bossages du passage du Commerce. Une
voiture de place débouche de la rue de l'Ancienne-Comédie, où commence
la première section de la rue de Buci qui aboutit à la rue de Seine. Des gens

de toutes conditions, des voitures, des marchandes des quatre-saisons, animent la voie publique très passante à cet endroit.

L'artiste a dessiné avec un soin curieux ce coin de Paris qui lui est familier, car il habita rue de Buci de 1867 à 1883. Les proportions qu'il voulait donner à sa toile, *La Vendange* (Salon de 1884), l'obligèrent à se mettre en quête d'un atelier plus vaste. Il le trouva rue Vauquelin, 19. Il y demeura quelques années un peu éloigné, isolé de son milieu spécial. Aussi émigra-t-il, lui aussi, en 1889, vers les hauteurs de Montmartre et des Batignolles, devenus un centre très vivant vers lequel convergent tous les artistes.

La Rue de Buci a paru dans *The Port-folio*, livraison d'août 1883.

———

40

Le Rond-Point des Champs-Élysées

En largeur : 0ᵐ 22 sur 0ᵐ 15. — Signé dans le bas, à droite : « *L. Lhermitte.* »

La grande avenue des Champs-Élysées, à l'heure de la promenade, par une belle journée d'été. Les équipages se croisent sur la chaussée. Promeneurs nombreux, assis ou marchant, enfants aux claires toilettes, nourrices à larges rubans flottants. Des bassins aux fontaines jaillissantes situent la scène au point central de cette voie magnifique. Au fond, l'arc de triomphe de l'Étoile dans la buée lumineuse particulière à l'atmosphère parisienne des jours de soleil.

Il existe un premier état non signé, où l'on voit, au centre de la composition, deux garçonnets tenant un cerceau et une pelle.

Ces deux enfants ont été effacés et remplacés par une fillette et un petit garçon, ce qui constitue un second état. La modification est heureuse au point de vue de la composition; mais les morsures nouvelles exigées par ce changement ont alourdi certains noirs, notamment dans les personnages assis à droite. Cependant l'effet général nous semble avoir gagné; car, grâce à ces noirs vigoureux, la dégradation des plans y est mieux établie.

Cette planche a été publiée dans *The Port-folio,* numéro d'avril 1884.

Il a été tiré quelques épreuves d'essai du premier état et un certain nombre d'épreuves sur Japon de l'état définitif.

41

La Cathédrale de Rouen

En hauteur : 0^m 57 sur 0^m 43.
Signé dans le bas, à droite : « *L. Lhermitte* », et daté en dessous : « *1884* ».

L'artiste nous montre le grand portail de la basilique, pris, un peu en perspective, du coin de droite de la place du Parvis, et flanqué de ses deux tours, dont l'une, celle de gauche, dite « tour Saint-Romain », est vue en entier avec le comble qui la coiffe, tandis que l'on ne voit que la naissance de la tour de droite, appelée « tour Georges d'Amboise » ou plus communément « tour de beurre ».

Sur le parvis de la cathédrale se tient un marché. Étalages de volailles, de légumes, de poissons, de poteries ; servantes venues aux provisions. Au second plan, deux dames font l'aumône à une mendiante.

Publié à Londres par Arthur Tooth and Sons.

Les épreuves sur Japon numérotées de cette pièce hors ligne se sont vendues jusqu'à cinq et six cents francs.

Cette eau-forte a été exposée au Salon de 1885.

La réduction que nous en donnons dans ce volume a été faite d'après une épreuve de premier état, très intéressante.

42

Vue intérieure de l'église Saint-Maclou

à Rouen

En hauteur : 0^m 63 sur 0^m 43.
Signé au bas, à gauche : « *L. Lhermitte* », et daté : « *1887* ».

L'auteur ne s'est pas borné à évoquer devant nous la vision de ce magnifique spécimen de l'architecture religieuse au xve siècle. Pour nous faire mieux sentir la grandeur et la majesté du monument, il nous le montre pendant un office, quand la nef est remplie de fidèles, à l'heure du sermon. C'est mieux qu'une planche d'architecture; c'est un véritable tableau animé, pittoresque, intéressant.

Épreuves d'artiste sur papier du Japon.
Publié à Londres chez A. Tooth.

43

Le Repos des Faneurs

En hauteur : 0^m 21 sur 0^m 15. — Signé dans le bas de l'image, à gauche : « *L. Lhermitte.* »

A gauche, une petite meule de foin à l'ombre de laquelle dort un faneur; une faneuse assise détourne la tête pour le regarder, tandis qu'une autre, debout, s'appuie sur son fauchet. Au fond, les bâtiments d'une ferme.

Cette planche a été gravée par l'artiste d'après le tableau du Salon de 1888 : *Le Repos des Faneurs*, qui fait partie aujourd'hui de la galerie de M. Charbonneau, à Reims.

Elle a été exécutée pour la revue *Les Arts et les Lettres*, publiée par MM. Boussod et Valadon.

44

La jeune Mère en moisson

En hauteur : 0^m 27 sur 0^m 18. — Signé dans le bas, à droite : « *L. Lhermitte.* »

Dans la plaine, au temps de la moisson, une femme assise sur une gerbe, la tête tournée à gauche, allaite son enfant. Elle est éclairée de dos, et la capeline qui la protège contre les ardeurs du soleil met son visage entièrement dans l'ombre. A ses pieds, un cruchon de grès renversé atteste que le repas de l'enfant suit de près celui des moissonneurs.

Planche exécutée expressément pour le présent ouvrage en décembre 1903.

Épreuves d'artiste, sans lettres, sur Japon, avant que l'on ait coupé le cuivre.

Quelques retouches au visage de la femme et une reprise de morsure sur la planche revernie au rouleau constituent un second état, dont il a été tiré un certain nombre d'épreuves sur Hollande. Puis le cuivre s'étant trouvé trop grand pour le format de l'ouvrage, il a dû être rogné et mesure présentement 0ᵐ 23 sur 0ᵐ 15. Cela donne un troisième état qui est celui du tirage définitif.

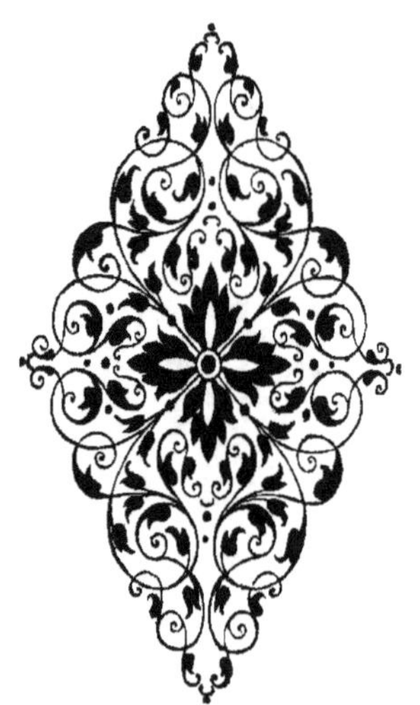

TABLE

TABLE

Achevé d'imprimer

le vingt-quatre septembre mil neuf cent quatre

PAR

ALPHONSE LEMERRE

6, RUE DES BERGERS, 6

A PARIS

o. — 4048.